JN059971

An Illustrated Guide to
Enjoying SWEETS

歴史を知ればもっとおいしい！

洋菓子を楽しむ教科書

吉田菊次郎 ［著］

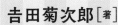

ナツメ社

めくるめく
甘いお菓子の世界へようこそ!

お菓子は、生きていくためになくてはならない
というものではありません。
しかし、あれば日々の生活が、いえ、人生そのものがより楽しく
さらに豊かなものになるでしょう。それがお菓子というものです。
本書は、その甘くて魅力的な世界を
さらに堪能するために作り上げた一冊です。
内容は4つのパートに分かれています。
パート1は、お菓子の基本的な部分を理解するため、
その概要から紹介します。
まずはお菓子の起源を古代から振り返り、
スイーツの足取りをたどってみましょう。
そしてお菓子の年表からその歴史を読み解きます。
有史前期から始まり、エジプト、ギリシャ、
ローマといった古代社会を俯瞰し、
成り立ちとその後の発展を追っていきます。

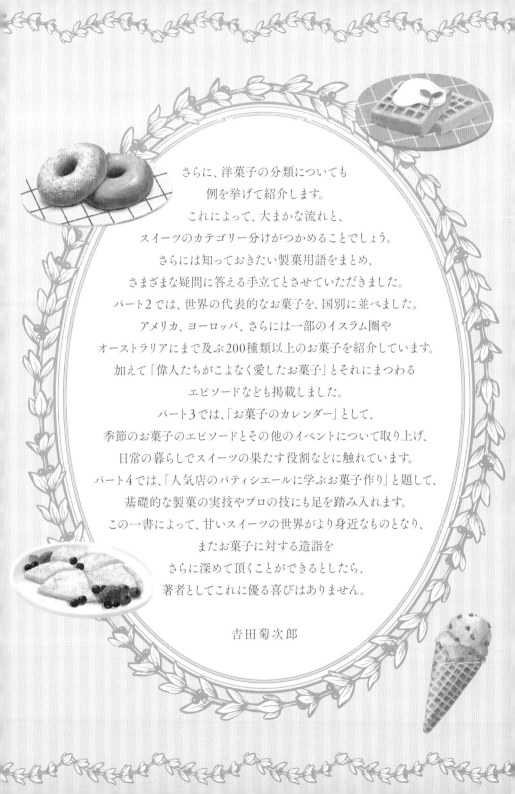

さらに、洋菓子の分類についても
例を挙げて紹介します。
これによって、大まかな流れと、
スイーツのカテゴリー分けがつかめることでしょう。
さらには知っておきたい製菓用語をまとめ、
さまざまな疑問に答える手立てとさせていただきました。
パート2では、世界の代表的なお菓子を、国別に並べました。
アメリカ、ヨーロッパ、さらには一部のイスラム圏や
オーストラリアにまで及ぶ200種類以上のお菓子を紹介しています。
加えて「偉人たちがこよなく愛したお菓子」とそれにまつわる
エピソードなども掲載しました。
パート3では、「お菓子のカレンダー」として、
季節のお菓子のエピソードとその他のイベントについて取り上げ、
日常の暮らしでスイーツの果たす役割などに触れています。
パート4では、「人気店のパティシエールに学ぶお菓子作り」と題して、
基礎的な製菓の実技やプロの技にも足を踏み入れます。
この一書によって、甘いスイーツの世界がより身近なものとなり、
またお菓子に対する造詣を
さらに深めて頂くことができるとしたら、
著者としてこれに優る喜びはありません。

吉田菊次郎

Contents

めくるめく甘いお菓子の世界へようこそ！　2

PART 1　お菓子の歴史と分類

PART 2　国別の代表的なお菓子

PART 3　お菓子のカレンダー

PART 4 人気店のパティシエールに学ぶお菓子作り

Column

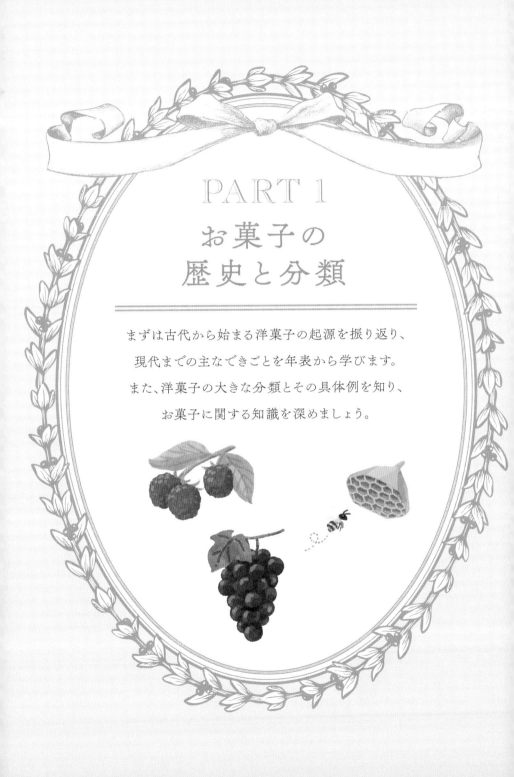

PART 1
お菓子の
歴史と分類

まずは古代から始まる洋菓子の起源を振り返り、
現代までの主なできごとを年表から学びます。
また、洋菓子の大きな分類とその具体例を知り、
お菓子に関する知識を深めましょう。

先史時代から古代に見る
お菓子の起源

西洋のお菓子のはじまりは、どこにあるのでしょう。その起源は先史時代まで時を遡ります。
現代のお菓子の祖となるものが生み出される歴史の流れを振り返ってみましょう。

先史時代

完熟の果実や蜂蜜に甘味を見出す

紀元前6000年頃、人は完熟した果実や蜂蜜に甘味を求めていました。これこそが洋菓子の原点といえるでしょう。また人々は採取した果実などを蜜漬けすることで、おいしさをより長く保たせることを覚えました。糖菓と訳される「コンフィズリー（→p.25）」の始まりです。また人々は麦を撒いて収穫し、定住生活をするようになります。次いで、山羊や羊、牛、馬、ラクダなどの乳を飲むようになりますが、そのうち一部では凝乳*の状態で利用するようになります。これは後にチーズへと発展していきます。また種々の果実や植物、穀類等に水や乳を加え、それを煮て重湯やかゆ状にしました。これは「パティスリー（→p.22）」につながっていくものです。

＊乳を酸や酵素などで凝固させ、固形にしたもの。カードともいう。

古代エジプト時代

パン作りが始まり発酵が行われるようになる

　紀元前3500年頃から、エジプトやメソポタミア地方で最初のパンが焼かれました。当時人々は麦を粉にし、かゆ状にしていましたが、あるとき手違いで濃い状態のものが作られ、熱い石の上に置いて焼くと、最も原始的なパンができあがりました。さらにこれを焼く前に放置すると発酵し、それから焼くとやわらかな食感になることを知ります。この発見は、今日のヨーロッパの食文化の起点となりました。また、元のかゆを放置し発酵すると、ビールができました。よって、パンとビールは同じ麦から生まれた兄弟分といえ

ます。この頃すでにぶどうからワインが作られていましたが、ぶどうの搾りかすをパン生地に混ぜると、これまでより早く発酵しました。これは酵母による人為的な発酵で、現代のパンの祖となるものです。また、この当時すでにナツメヤシの実（デーツ）は重要な甘味源でした。

　この時代のファラオの墳墓や宮殿の壁画にパン作りの模様が描かれており、紀元前1175年頃の壁画には、生地を丸めたものや、生地を油で揚げたウテン・ト（uten-t）と呼ばれるお菓子なども見られました。

古代ギリシャ時代

パンの種類の幅が広がり、
およそ100種類のお菓子が作られる

紀元前1000年頃、ポリスと呼ばれる都市国家が形成され、市民社会が大きく成長しました。エジプトやメソポタミア地方から伝わったパン焼きの技術は、徐々に主食としてのパンと嗜好品としてのお菓子に分離していきます。

この時代、小麦の栽培が盛んになり、これに獣脂やガチョウの卵、オリーブ油などを加えたパンやお菓子が作られました。その中にマゼス（mazes）という、パンとお菓子の中間のようなものがありました。水で練った小麦粉を膨らませずに焼いたもので、一般市民の主食のひとつでした。その他にエンクリス（encris）という小麦粉とそば粉を使った揚げ菓子や、トリオン（tryon／thryon）という今日のプラム・プディング（→p.37）の原型もあります。また、ワッフルのように2枚の鉄板に生地を挟んで焼く煎餅の類、オボリオス（obolios）という、のちのウーブリ（→p.83）の原型菓子など、およそ100種類のお菓子が作られていました。

チーズは、古くから遊牧民によって作られていましたが、ギリシャ時代には広く普及し、またバターも紀元前200年頃にはすでに作られていました。

古代ローマ時代

菓子職人が職業化し、氷菓の祖が誕生する

この時代にはパンとお菓子がはっきり分離していきます。またこの頃、お菓子作りが職業として認められています。サトウキビなどの新しい素材の流入でお菓子作りの幅も広がり、4世紀には「パスティラリウム」という製菓業者の技術組合が作られるまでになりました。

この時代のお菓子は、今日のウーブリ（→p.83）や、トゥールト（tourte）というタルト（→p.59）の原型的な皿菓子、ベニェ（beignet）という揚げ菓子、クリームを使ったフラン（→p.59）的なもの、ドルチアに相当するヌガー（→p.113）のようなもの、さらには慶事に配られるドラジェ（→p.111）の元となるナッツの蜜がけ、加えて現在のパネットーネ（→p.48）の元になるものも3世紀には作られていました。

紀元前4世紀頃、アレクサンドロス大王がパレスチナ南東のペトラに30の穴倉を作り、氷雪を詰めて食べ物を冷やしていたといいます。また、紀元直前のカエサルや紀元直後の皇帝ネロはアルプスから氷雪を運ばせ、これに乳や蜜、ワインなどを混ぜたものを冷やして飲んだといわれています。これが氷菓の原点といえるでしょう。中国やアラビアでも天然の氷雪を利用したものがあったといわれており、これはインドやペルシャに伝わっていきます。フランス語の「ソルベ」や英語の「シャーベット」は、アラビア語の「飲む」という意味の「シャリバ」が変化した「シャルバート（冷たい飲み物）」に由来するといわれています。

またこの時代で最も歴史的な意義をもつのは、ヨーロッパ文明の精神的なバックボーンとなるキリスト教の成立と発展でしょう。後々キリスト教にまつわる様々な行事にちなんだお菓子が作られ、それらの行事を盛り上げる役割を果たしていきます。

洋菓子の主なできごと・年表

先史時代から現代までの洋菓子に関する主なできごとをまとめました。おいしいお菓子が生まれるまでの歴史の流れを振り返りましょう。

先史時代

◀ 紀元前6000年頃
完熟の果実や蜂蜜に甘味の原点を見出す。山羊や羊、牛、馬、ラクダなどの乳を凝乳にして利用し始める（後のチーズにつながる）。

古代エジプト時代

◀ 紀元前3500年頃
エジプトやメソポタミア地方で最初のパンが焼かれる。

◀ 紀元前2850〜2050年頃
ぶどうからワインが作られていたとされる。かゆを発酵させてビールが作られるようになる。

◀ 紀元前2050〜1570年頃
エジプトの記録に甘味源としてナツメヤシの木（実はデーツ）が記載される。

◀ 紀元前1175年頃
テーベのラムセス三世の宮殿壁画にパン作りの様子が描かれる。その中にウテン・トという揚げ菓子も見られる。

古代ギリシャ時代

◀ 紀元前1000年頃
ポリスと呼ばれる都市国家が形成され、パン焼きやお菓子の技術が発展していく。

◀ 紀元前500〜400年頃
チーズが広く普及する。

◀ 紀元前400年頃
アレクサンドロス大王がパレスチナの南東ペトラに穴倉を作り、そこに氷雪を詰めて食べ物を冷やしていた。これが後の氷菓につながる。

◀ 紀元前200年頃
バターが作られるようになる。ウーブリ（→ p.83）の原型となったオボリオスなどを含む100種類のお菓子が作られる。バースデーケーキや婚礼菓子として特別なお菓子が作られていた。

古代ローマ時代

◀ 紀元前171年頃
パン職人や菓子職人が職業として認められる。

◀ 紀元前後
カエサルや皇帝ネロがアルプスから氷雪を運ばせ、それに乳や蜜、ワインなどを混ぜて飲んでいた。

◀ 紀元直後
キリスト教が成立。これにともないさまざまなお菓子が誕生し、発展していく。

◀ **6世紀**

インドが発祥の砂糖がペルシャやアラビアに伝わり、8世紀にはヨーロッパなど地中海沿岸に広まっていく。10世紀にはエジプトで生産が盛んになる。

◀ **7世紀**

イスラム教が成立し、西洋菓子に大きな影響を与える。トルコのバクラヴァ（→p.61）には後のフイユタージュ（→p.30）につながる特徴がみられる。

◀ **8世紀**

アントルメ（→p.27）という言葉が料理の終わりのデザートを指して使われるようになる。

◀ **9世紀**

ギルド（同業組合）が確立し、13〜14世紀に政治的な影響力をもつが、18世紀に衰退する。パンやお菓子の世界には今もなおその習慣が息づいている。

◀ **10世紀**

現在のフランスの地で、お菓子によって王様を選ぶ遊びが行われていた。後のガレット・デ・ロワ（→p.168）につながる。

◀ **1096〜1270年**

十字軍が組織され、イスラム世界へ計8回の遠征が行われる。これにより、東方の砂糖や香辛料がヨーロッパに入り、果実の砂糖漬けなどのコンフィズリー（→p.25）が作られるようになる。

◀ **13世紀**

ガレット、ゴーフル（→p.102）、ウーブリ（→p.83）などの宗教菓子が教会独自に作られるようになる。また、後のピュイ・ダムール（→p.121）やブラン・マンジェ（→p.126）、フラン（→p.59）の原型のお菓子が作られる。サン・ミッシェル（聖ミカエル）が菓子店の守護聖人と定められ、その祝日が9月29日とされる。

◀ **1271〜1295年**

マルコ・ポーロが東方を訪れ、中国に砂糖工場があることを確認。そこではジャムの前身となる果実の砂糖煮が作られていた。

◀ **14世紀**

フランにさまざまなクリームが使われるようになり、タルトの原型のトゥールト（→p.59）、マカロン（→p.134）、マジパン（→p.30）などが作られるようになる。また洗礼用のお菓子としてボンボン（一口サイズの砂糖菓子）やドラジェが広まる。
羊皮紙の文書にブラン・マンジェ（→p.126）の名前が見られる。
レープクーヘン（→p.81）やシュトレン（→p.77）が作られるようになる。

◀ **1311年**

フランスのアミアンで司教をしていたロベールの書いた書に、フイユタージュ（→p.30）と似たお菓子が記載される。

◀ **1329年**

ドイツのナウムブルクの大司教ハインリッヒがパン屋に対して新たなギルドの結成を認める代わりに、毎年クリスマスにシュトレンを2個納めるという取り決めを結ぶ。このときすでにシュトレンはクリスマスのお菓子として定着していた。

◀ 1425～1430年

ドイツのコンスタンツでの公会議の記録にブレーツェル（→p.79）を手押し車で売り歩く図が描かれる。

◀ 1438年

ドイツのドレスデンでシュトレンが作られており、現在もこの地の銘菓となる。

◀ 1440年

フランスでお菓子作り専門のギルド（同業組合）が結成される。

◀ 1467年

ドイツのニュルンベルグで帝国議会が開かれ、皇帝フリードリッヒ三世がこの町の子どもたち4000人にワインと彼の肖像画が描かれたレープクーヘン（→p.81）を与えたと記録が残る。同地ではそのお菓子をカイザーライン（小さな皇帝）と呼び、1679年頃まで作られていた。

◀ 1479年

カスティーリャの女王イザベラとアラゴンの王子フェルナンド二世が結婚し、スペイン王国が誕生。その後しばらくしてビスコッチョ（→p.147）と呼ばれるスポンジケーキが作られる。これが隣国のポルトガルに伝わり、カスティーリャ・ボーロと呼ばれる。

◀ 15世紀後半

ミラノ公国（現在のイタリア）で製菓所のウゲットが初めて現在のパネットーネ（→p.48）を焼き、「トーネのパン」を意味するパネ・ディ・トーネと呼ばれた。

◀ 15～16世紀

タルトからトルテが分かれ、異なる形に発展していく。その分岐点としてリンツァートルテ（→p.58）に痕跡がみられる。

◀ 16世紀頃

2月2日の聖燭祭で、初めてクレープ（→p.98）が焼かれたとされる。

◀ 16世紀初頭

イタリアのヴェネツィア近くのパドヴァでマルク・アントニウス・ジマラ教授が水に硝石を入れると温度を急激に低下させることを発見。ワインや飲み物を冷やせるようになる。後のアイスクリーム（→p.155）製造につながる。

◀ 1506年

フランスのオルレアネー地方ピティヴィエ市でプロヴァンスィエールという菓子店が初めてクレーム・ダマンド（アーモンドクリーム）を作り、お菓子に仕立てた。後にガトー・ド・ピティヴィエ（→p.88）という銘菓になる。

◀ 1519年

スペイン軍が南米アステカと戦い、勝利する。これをきっかけにアステカで好まれていたショコラトルがスペインに伝わり、後のホット・チョコレート（→p.161）となる。

◀ 16世紀前半頃

イタリアのフィレンツェで氷に硝石を入れて冷却する技術が確立。本格的に食べ物を凍らせるようになる。

◀ 1533年

フィレンツェのメディチ家の息女カトリーヌが、後のフランス王アンリ二世となるオルレアン公に嫁ぐ。これにより、マカロン（→p.134）、プティ・フール（→p.124）、シャーベット、ビスキュイ・ア・ラ・キュイエール（フィンガービスケット）などのお菓子がフランスに伝わる。

◀ 1535年

オランダ南部、ベルギー北部、フランス北部にかけて位置するフランドル地方でチョコレートが飲まれていた記録が残る。

◀ 1543年

日本でのできごと
ポルトガル船が種子島に漂着。鉄砲などとともにカスティーリャ・ボーロやビスケット、パン、ワインなどが伝わる。後に丸ぼうろ（→p.144）やカステーラ（→p.147）に発展していく。

◀ 1547年

バウムクーヘン（→p.78）の原型となったと考えられるシュピースクーヘンの作り方が料理書に見られる。

◀ 1564年

フランスでシャルル九世によってグレゴリオ暦が採用され、新年の1月1日が設定される。これがポワソン・ダブリール（→p.175）の催しにつながったという説もある。

◀ 1581年

料理人マルクス・ルンポルトの書いた料理書にシューの原型となるクラプフェンという揚げ菓子や、バウムクーヘンの元になるシュピースクラプフェンなどが述べられる。

◀ 1588年

英西戦争でイギリスがスペインの無敵艦隊を破る。イギリスは大量のビスケット（→p.35）を船に積んでいたという。スペインに代わり、イギリスが海の覇権を握り、七つの海を制覇していく中で、プラム・プディング（→p.37）などのお菓子が生まれる。

◀ 1598年

「スペイン風の生地」という名前で、現在のフイユタージュ（パイ生地）の原型となる生地の作り方が料理書に記される。

◀ 17世紀

フランスのプララン侯爵の司厨長がプラリーヌ（→p.125）を作る。
ブリオッシュ（→p.127）、ヌガー（→p.113）などのお菓子が見られるようになる。
アイスクリームが正式なアントルメとして定着してくる。
フランス・ロレーヌ地方のナンシー修道院で作られたマカロン（→p.134）がスール・マカロンと呼ばれ好評を得る。その後各地の修道院でもマカロンが作られるようになる。
フイユタージュ（パイ生地）が広まってくる。

◀ 1603年

イギリスの文献に初めてシャーベットの名前が見られる。

◀ 1606年

スペイン宮廷に仕えるイタリア人によって、イタリアに本格的にチョコレートが伝わる。

◀ 1609年

ポーランド王スタニスラフ・レシチニスキー付きの料理人がクグロフ（→p.95）の新しい食べ方としてババ（→p.116）を考案したという。

◀ 1615年

スペインのアンヌ・ドートリッシュがフランス王ルイ十三世に嫁いだときに、チョコレートがフランスに伝わる。

◀ 1615～1617年

オランダの画家J・アルベルト・ローティウスの描いた「果実のある静物画」の中にパネットーネが見られる。イタリアから伝わり、ヨーロッパに広がっていることがうかがえる。

◀ 1660年頃

イタリアで攪拌凍結の製法が使われ、口当たりの良いシャーベットが生まれる。

◀ 18世紀

フランスの菓子店でトレトゥール（仕出し料理）のジャンルが確立されてくる。

◀ 1700年

アメリカのメリーランド州知事を訪ねた客が書いた手紙にアイスクリームの文字が見られる。

◀ 1703年

フランスのコメルシーで有名になったマドレーヌ（→p.135）がヴェルサイユで流行し、次いでパリでもブームとなる。

◀ 1710年

マカロンやビスキュイを作りやすくするために、受け口のある注射器のような器具が開発される。

◀ 1719年

ドイツのザルツブルク大司教の料理人コンラッド・ハガーの書いた料理書に、現在のバウムクーヘンの形に近いシュピースクラプフェンが見られる。

◀ 1720年頃

卵白を泡立てたムラング（メレンゲ）はこの頃作られたという。

◀ 1750年頃

イタリアのプトソンという人によって、シャーベットが一年中売られるようになり、急速な広まりを見せる。

◀ 1760年

フランス王室チョコレート製造所が作られる。

◀ 1769年

ドイツのマルクス・ローフトの書いた『ブラウンシュヴァイクの料理書』に、現在の形に近いバウムクーヘンの作り方が記載される。その後18世紀半ば過ぎにはほぼ完成形に至る。

近代

◀ 1770年

オーストリアのハプスブルク家からマリー・アントワネットがフランス王ルイ十六世に嫁ぐ。別棟プティ・トリアノンでムラングを作って楽しんでいたという。

◀ 1775年

イギリスのウィリアム・コール博士がフリーザーを開発。

◀ 1783年

アメリカ合衆国が独立。これに先立ち、イギリスを出てアメリカに向かった清教徒が途中オランダに寄った際、オリークックと呼ばれるドーナッツ（→ p.149）の原型になるお菓子の製法を習得する。

◀ 1789年

フランス革命が起きる。美食家のグリモ・ド・ラ・レイニエールはブラン・マンジェ（→ p.126）の製法の喪失を心配したという。

◀ 1804〜1814年

ナポレオンが甜菜（砂糖大根）栽培の奨励策を打ち出す。これを機に砂糖が広く行き渡るようになる。

◀ 1807年

ミルフイユ（→ p.137）が美食家のグリモ・ド・ラ・レイニエールが主催する食味鑑定委員会の鑑定にかけられる。

◀ 1811年

一説によると、この年に料理人アントナン・カレームが絞り袋を考案したという。

◀ 1823年

糖液を結晶化させたフォンダン（→ p.30）が作られる。これにより、お菓子の上に甘さをとどめることや、つややかさを出すこと、カラフルな着色をすることが可能となる。

近代

◀ 1828年

オランダのヴァン・ホーテンがカカオ豆からカカオバターを抽出することに成功。この搾りかすを湯に溶き、ココアドリンクが作られる。

◀ 1832年

ウィーンの製菓人フランツ・ザッハーがザッハートルテ（→ p.56）を考案。

◀ 1834年

アメリカのジェイコブ・パーキンスがマイナス20℃まで冷却が可能な機械を開発。

◀ 1840年頃

フランスのボルドーで製菓人オーギュスト・ジュリアンがババを元にしてサヴァラン（→ p.104）を作る。

◀ 1842年

イギリスのキャドバリー社の定価表に「イーティング・チョコレート」の名称が見られる。

◀ 1843年

オペラ・コミック座で上演された「ピュイ・ダムール」にちなんでピュイ・ダムール（→ p.121）が作られたとする説がある。

◀ 1846年

フランス・パリのサン・トノーレ通り（現在と異なる通り名）に店をもつ製菓人シブーストがクレーム・シブーストを考案。

◀ 1848年

イギリスのフライ・アンド・サン社が「ショコラ・デリシウー・ア・マンジェ」として板チョコに近いものを発売。

◀ 19世紀中頃

フイユタージュを使ったガトー・ド・ピティヴィエ（→p.88）、シュー生地を使ったエクレール（→p.84）、ペ・ド・ノンヌ（→p.87）、ゼラチンを使ったバヴァロワ（→p.114）などのお菓子が登場する。

◀ 1865年

フランスでベル・エレーヌ（→p.131）が作られる。

◀ 1868年

ドイツで製氷機が発明される。

◀ 1873年

アメリカのミカエル・ファラディが液化アンモニウムによる製氷機を開発し、アイスクリームの大量製造が可能になる。

◀ 1874年

日本でのできごと
木村安兵衛により、あんパン（→p.211）が作られる。

◀ 1888年

フランスのオルレアネー地方でステファニー・タタンとカロリーヌ・タタンの姉妹がタルト・タタン（→p.110）を作る。

◀ 1890年代

フランス・パリのオペラ座近くの菓子店でオペラ（→p.85）が作られる。

◀ 1891年

フランスでパリ市とブレスト市を結ぶ自転車レースが催され、これを記念してパリ・ブレストが作られる（→p.117）。

◀ 1892年

フランスのオペラ歌手ネリー・メルバに敬意を表し、ロンドンのサヴォイ・ホテルのシェフ・エスコフィエがピーチ・メルバ（→p.129）を作る。

◀ 1896年

後のエドワード七世となるイギリス皇太子がシュゼット嬢と食事をした際、クレープ・シュゼット（→p.99）が作られる。

近代

◀ 1914年

日本でのできごと
報知新聞にベイクド・スイートポテト
（→p.212）の名前が見られる。

◀ 1922年頃

日本でのできごと
この頃すでに不二家でショートケーキ
（→p.214）が発売されていた。

◀ 1990年頃

日本でのできごと
ティラミス（→p.46）が流行する。

◀ 1993年頃

日本でのできごと
パンナ・コッタ（→p.49）が流行する。

◀ 1994年

日本でのできごと
シフォンケーキ（→p.148）が流行する。

◀ 1996年

日本でのできごと
『南仏プロヴァンスの12か月』という
本が英国紀行文学賞を受賞。これを
きっかけにカリソン（→p.91）が知ら
れるようになる。

◀ 1997年

日本でのできごと
ベルギーワッフル（→p.141）が流行
する。

◀ 1998年

日本でのできごと
クイニーアマン（→p.94）が流行する。

◀ 2004年

日本でのできごと
マカロン（→p.134）が流行する。

◀ 2006年

日本でのできごと
生キャラメル（→p.158）が流行する。

◀ 2012年

日本でのできごと
フワフワのパンケーキ（→p.151）が流
行する。

◀ 2020年

日本でのできごと
バスクチーズケーキ（→p.160）が流行
する。

◀ 2021年

日本でのできごと
マリトッツォ（→p.50）が流行する。

洋菓子の分類

洋菓子は大きくパティスリー、コンフィズリー（糖菓）、グラスリー（氷菓）の3種類に分けられます。この中で、最も多くのお菓子が含まれるのはパティスリーです。それぞれのさらに細かい分類やお菓子の例を紹介します。

パティスリー

　主に小麦粉を使うお菓子のこと、あるいは菓子店を指すこともあります。もともとはラテン語の「パスタ（小麦粉の練り粉）」の派生語とされています。代表的なパティスリーはケーキ類ですが、現在では範囲が拡大し、ゼリーやバヴァロワなど小麦粉を使わないお菓子も含まれています。コンフィズリーとグラスリー以外のお菓子はほとんどパティスリーに含まれると考えてよいでしょう。パティスリーの多くは生地の種類で分類できますが、例外として、プティ・フール、アントルメ・ショー（温菓）、アントルメ・フロア（冷菓）があります。

✜ 生地別のパティスリー

1 スポンジ生地

ジェノワーズやビスキュイと呼ばれるスポンジ生地を使ったお菓子

例
- ◆ スポンジケーキ
- ◆ デコレーションケーキ
- ◆ ロールケーキ
- ◆ ビスキュイ・ア・ラ・キュイエール
- ◆ チョコレートケーキ
- ◆ パウンドケーキ
- ◆ マドレーヌ
- ◆ フィナンシエ

2 シュー生地

パータ・シューと呼ばれるシュー生地を使ったお菓子

例
- ◆ シュー・ア・ラ・クレーム
- ◆ エクレール
- ◆ シーニュ
- ◆ パリ・ブレスト
- ◆ ポン・ヌフ
- ◆ サン・トノーレ

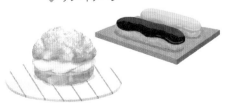

3 ビスケット生地

パータ・フォンセと呼ばれるビスケット生地を使ったお菓子

例
◆ タルト
◆ タルトレット
◆ フラン

4 パイ生地

フイユタージュと呼ばれるパイ生地を使ったお菓子

例
◆ パピヨン
◆ ガトー・ド・ピティヴィエ
◆ アップルパイ
◆ ミルフイユ

5 卵白生地

ムラングと呼ばれる卵白生地を使ったお菓子

例
◆ ムラング
◆ ヴァシュラン
◆ ウ・ア・ラ・ネージュ

6 発酵生地

パート・ルヴェと呼ばれる発酵（イースト）生地を使ったお菓子

例
◆ クグロフ
◆ クロワッサン
◆ シュトレン

7 一口サイズのお菓子（プティ・フール）

一口で食べられる大きさのお菓子。
さまざまな生地のお菓子、フォンダン（→p.30）がけ・チョコレートがけのお菓子などが含まれる

例
- ◆ クッキー ◆ マカロン
- ◆ プティ・シュー ◆ タルトレット・フール
- ◆ フリュイ・デギゼ

8 アントルメ・ショー（温菓）

温かい状態で提供するお菓子

例
- ◆ スフレ
- ◆ ゴーフル（ワッフル）
- ◆ プディング*
- ◆ クレープ*

9 アントルメ・フロア（冷菓）

冷たい状態で提供するお菓子

例
- ◆ ゼリー
- ◆ バヴァロワ
- ◆ ムース
- ◆ ブラン・マンジェ
- ◆ プディング*
- ◆ クレープ*

*プディングやクレープは提供時の状態によって温菓にも冷菓にも分類されます。

コンフィズリー

日本語では糖菓と訳され、主に砂糖を使って加工したお菓子を指します。代表的なお菓子はキャンディーやキャラメル、果実の砂糖漬け、チョコレートなどです。加工に使われる材料によって分類されます。

1　砂糖を加工したコンフィズリー

例
◆ キャンディー
◆ キャラメル
◆ アラザン

2　果実類を加工したコンフィズリー

例
◆ ジャム
◆ ピューレ
◆ コンポート

3　ナッツ類を加工したコンフィズリー

例
◆ マジパン
◆ ヌガー
◆ ドラジェ

4　チョコレート類（カカオと砂糖を混合したもの）のコンフィズリー

例
◆ スイートチョコレート
◆ ホワイトチョコレート
◆ ボンボン・オ・ショコラ

グラスリー

　日本語では氷菓と訳され、大きくアイスクリーム類とシャーベット類に分けられます。アイスクリームは乳製品を使うもので、シャーベットは乳脂肪分は含まず、果汁や果肉を主に用います。

1 アイスクリーム類

例
- ◆ グラス・ア・ラ・クレーム
  （ヴァニラアイスクリーム）
- ◆ グラス・オ・フリュイ
  （果汁入りアイスクリーム）
- ◆ パルフェ・グラッセ（パフェ）
- ◆ ムース・グラッセ
  （凍らせたムース）

2 シャーベット類

例
- ◆ ソルベ・オ・フリュイ
  （果汁入りシャーベット）
- ◆ ソルベ・オ・ヴァン・ファン
  （ワイン入りシャーベット）
- ◆ スプーム・グラッセ
  （果汁と気泡の軽いシャーベット）

その他の洋菓子

　洋菓子の大きな分け方には当てはまりませんが、その他に飴、マジパンやチョコレートなどで形作られる観賞用のお菓子（工芸菓子）があります。また、ビュッフェ（軽食）、ケータリング（出張料理）なども菓子店の仕事の一部に含まれています。ここでは単独での紹介はしていませんが、お菓子作りにはカスタードクリームや生クリームなどのさまざまな種類のクリームやソース、副材料が使われています。

Column 覚えておきたい製菓用語

製菓業界でよく使われる表現を集めました。覚えておくと、さまざまなお菓子に使われている材料や技術のことがよくわかるようになります。

◆ アイシング icing（英）

お菓子の表面を、グラス・ア・ロー（粉糖を水で溶いたもの）または緩く溶いたフォンダン（結晶化させた糖液）などで被覆する（包む）こと。フランス菓子でいうグラッセに当たる。またグラス・ロワイヤル（粉糖と卵白を練ったもの）を絞って飾ることも指す。さらにこうした目的で使われるグラス・ロワイヤルやフォンダンそのものも、この言葉で呼ばれる。

◆ アシエット assiette（仏）

フランス語で「皿」という意味だが、調理（特にスイーツ）の世界では、皿盛りデザートを指す言葉として定着してきた。一枚の皿の上に、アイスクリームやシャーベット、焼き菓子、フルーツなどを盛り合わせ、クリームやソースをあしらって、一幅の絵のように仕上げるものをアシエットと表現している。

◆ アパレイユ appareil（仏）

お菓子や料理を作るため、下ごしらえとして各材料をあらかじめ混合したもの。ひとつのお菓子を作るときにさまざまな材料を用いるが、それらの一部をあらかじめ混ぜて用意しておくと便利な場合がある。たとえばマカロンやそれに類したお菓子には、粉末アーモンドと砂糖を一定の割合で混ぜて準備しておく。そしてこれを量って使用する。こうしたものをアパレイユと呼ぶ。

◆ アングレ（ーズ）anglais,e（仏）

「イギリスの」という意味だが、お菓子や料理においては一般にソース・ア・ラングレーズ、またはクレーム・アングレーズといった形で用いられる言葉である。これは卵黄、砂糖、牛乳で作ったソースで、お菓子に添えて供したり、混ぜて用いたりする。

◆ アントルメ entremets（仏）

食後に出されるデザート菓子。そもそもはロースト料理の後に食卓に出されるすべての料理を表す言葉であり、昔はお菓子に限らず、野菜料理なども含まれていたと考えられる。語源からも、初めは全く別のことを意味する言葉だったと推測される。アントルメはアントレ・レ・メ（entre les mets）で、つまり「料理と料理の間」という意味の語である。レ・メ（les mets）は最初「サービス」を意味していたが、次第にサービスする「料理」、あるいはそれをのせる「皿」を意味するように変わっていく。中世半ばのヨーロッパの上流階級の食卓の様式は、ローマ式の華やかな宴であった。それが時とともに贅を凝らしたものとなり、皿数が増えるにつれ、当然時間もかかるようになる。そこで料理と料理の間にいろいろなショーを行って盛り上げ、それを繋ぐような趣向に発展していった。この「宴会の幕間」がそもそもアントルメと呼ばれていたもので、踊りや軽業師の妙技が楽しまれたという。これが時の流れでさらに変化し、いつしか食事の間ではなくその終わりに持って来られるようになり、ひいては最後に出される「生菓子扱いされるデザート菓子」を表す言葉に置き換わっていった。

◆ ヴィエノワズリー viennoiserie（仏）

フランスにおける菓子店が扱うパンの部門のことで、クロワッサンやパン・オ・ショコラ、ブリオッシュ（→p.127）といった発酵生地や発酵折生地を使って作る商品群を指す。ルイ十六世妃となったマリー・アントワネットが、ウィーンを都とするハプスブルク家から嫁いできたときに、こうしたパン類がパリに入ってきたとして、「ウィーン風のもの」を意味するヴィエノワズリーと称されるようになった。フランスの菓子店の扱う範疇のものとして、パティスリー、コンフィズリー、グラスリーとともにこのヴィエノワズリーも大きな要素の一つとなっている。

◆ オーヴァーラン over run（英）

アイスクリームやシャーベットの製造時に撹拌して溶液に空気を含ませること。この度合いによってアイスクリーム類の容積は変化する。空気の含有量が多くなれば、それだけ生地は軽

くなって、あっさりした口当たりになり、少なければ重厚なものとなる。

◆ カカオマス

カカオ豆からチョコレートを製造する過程で、カカオニブ（カカオ豆の断片）をローラーにかけて細かくすりつぶす。ローラーから出てくるとペースト状になる。これをカカオマスといい、またカカオペーストとも呼ぶ。カカオバターを含んでいるため、冷えると固まる。チョコレートを砂糖などによって味付けされた食品とするなら、これはまだ苦いだけの味付け前の段階なので、厳密にはチョコレートとは呼べないが、チョコレート状を呈するところからビターチョコレートとも呼ばれている。

◆ ガナッシュ ganache (仏)

チョコレートクリームの一種。煮上げた生クリームにチョコレートを混ぜて作る。各種の洋酒や他のクリームとも混合しやすいため、一粒チョコレートのセンター（中心に入れるもの）にしたり、アントルメやグラン・ガトー、プティ・ガトーのサンド用、上塗り用などに用いる。ガナッシュ・ヴァニーユと呼ばれるオーソドックスなものから、卵黄を入れて風味をつけたもの、ホワイトチョコレートを使ったもの、キャラメル入り、コーヒー風味、紅茶の香りをつけたものなどがあり、それぞれの用途に応じて使い分ける。

◆ カラメリゼ caraméliser (仏)

砂糖を焦がしてキャラメル化させること。あるいはそのキャラメルを加えること。またプティ・ガトーやアントルメなどの表面に砂糖を振りかけ、熱したコテやガスバーナーで焼き上げること。砂糖が溶けてキャラメル化し、ほどよい色と香ばしい風味がつく。またナッツ類に砂糖を入れて火にかけ、ナッツの周りをキャラメルで包む形に仕上げる手法もカラメリゼという。同じフランスでもパリ口調ではキャラメリゼという。

◆ クーヴェルチュール couverture (仏)

ボンボン・オ・ショコラ（一粒チョコレート菓子）などのセンターを被覆したり、アントルメにかけたりするために調合したチョコレート。用途上ちょうどよい状態にするために、カカオバターの含有量を総体の40％前後にしてある。メーカーによる品質の差やほかの成分とのバランス、製法上の問題等で多少の違いはあるが、一般的にはこ

れより含有量が高いと被覆した時に薄くかかり、低いと厚くかかる。フランス語のクーヴェルチュールとは英語のカヴァーにあたり、すなわち被覆するものの意味である。したがって正しくはショコラ・ド・クーヴェルチュールと呼ぶが、一般に製菓用語としてクーヴェルチュールといえば、このチョコレートを指す。ミルク入りはクーヴェルチュール・オ・レ、ホワイトチョコレートはクーヴェルチュール・ブランシュという。

◆ グラス glace (仏)

「氷」という意味だが、フランス菓子においては「氷菓」を指し、その分野の業態を表す語としては「グラスリー」の語を用いている。グラスの部門（グラスリー）は、生菓子や焼き菓子の「パティスリー」、チョコレートやボンボンなどの、いわゆる糖菓と訳される「コンフィズリー」と並んで、お菓子の分野では大きなジャンルである。ここにはアイスクリーム類とシャーベット類が含まれる。

◆ グラス・ア・ロー glace à l'eau (仏)

粉糖を水で溶いたもの。菓子の表面などにかけ、薄く糖膜を張らせる目的で使う。目安としては粉糖100グラムに対し、水25グラムで、粉糖をふるいに通し、水と混ぜて溶く。用途により配合比は変えるとよい。カヴァーする対象物が熱をもっているときにかけると、水分が蒸発し、薄い半透明の糖膜ができる。

◆ グラス・ロワイヤル glace royale (仏)

粉糖と卵白を練ったもので、各種のお菓子のカヴァーや飾りものの絞りなどに用いる。目安としての基準配合は、卵白一個分、粉糖150グラム、レモン果汁2〜3滴。卵白の量は用途によって異なる。たとえば塗り用はやわらかめにした方がよく、卵白はやや多めにする。絞り用はやわらかいと流れてしまうので、逆に硬めに作る。

◆ グラッセ glacé (仏)

お菓子の表面にフォンダンまたはグラス・ア・ローなどをかけて、薄い膜を張らせること。代表的な使用例としてはマロン・グラッセ、プティ・フール・グラッセなどがある。このほかに、この語の本来の意味である「凍らせた」ということを表す使い方もある。例としてはムース・グラッセ（凍らせたムース）、パルフェ・グラッセ（凍らせたやわらかいアイスクリーム）、アントルメ・グラッセ（凍らせたアントルメ）などがある。またスイ

スのフランス語圏では、グラッセはアイスクリーム類の呼び名として使われている。

◆ クリーム cream（英）
クリームは、洋菓子の生地や種に次いで、お菓子を組み立てる大きな要素である。種類としては、大きく分けて生クリーム、カスタードクリーム、バタークリーム、アーモンドクリームがあり、それらの応用としてクレーム・サントノレ、クレーム・レジェール、フランジパーヌといったものがある。

◆ クロカント croquante（仏）
クロカントとはアーモンドに砂糖を絡めて焦がしたもの。またクロカン（croquant）というお菓子もあり、これは卵白に砂糖をすり合わせた中にアーモンド等のナッツ類を混ぜ込んで、乾燥焼きにしたフール・セック（乾き菓子）。風味高くザクザクした食感の素朴なお菓子。

◆ コンカッセ concassé（仏）
concasser（粉砕する）という意味のフランス語の動詞の過去分詞。ゼリーを硬めに作り、細かく刻んだもの。アントルメやプティ・ガトーに添えて飾ると、きらきらと光を反射し、美しく映える。

◆ ジャンドウヤ gianduia（伊）
アーモンドと砂糖で作る製菓副材料。ローストしたアーモンドに砂糖を加えてローラーで挽きつぶし、溶かしたチョコレートやカカオバターを加えて全体を一つのなめらかなペースト状にしたもの。まったりとした口当たりを特徴とする。火にかけて溶かさないので、砂糖はキメの細かい粉糖を用いた方がよい。同じ材料で作るプラリネマッセは、砂糖を火にかけて溶かし、後からアーモンドを加え混ぜる。

◆ 種（タネ）
お菓子を作るための混ぜ物を指す、日本における製菓用語。やわらかく形を成さないものは種（タネ）、ある程度形のまとまるものを生地と区別している。つまり、フイユタージュやパート・シュクレといったものは生地、ジェノワーズやシューのようなものは種として捉えられている。ただし、ジェノワーズやシューも、焼いたものについては生地という言葉で呼称される。ドイツ菓子でもこれと似た捉え方で、生地はタイク（Teig）、種（タネ）はマッセ（Masse）と呼んで区別される。ただし昨今の日本では、その捉え方がや

や曖昧となり、やわらかいものも含めて「生地」と総称する傾向になってきている。

◆ チョコレート chocolate（英）
カカオ豆から作るカカオペーストを原料としたお菓子、または飲み物のココアを指す。カカオ成分等の多少によって、純チョコレート、チョコレート、準チョコレートに分けられる。ちなみにクーヴェルチュールと呼ばれているものは純チョコレート、洋生チョコレートとされているものは準チョコレートと呼ばれている。

◆ デザート dessert（仏・英）
フランス語でデセール、英語ではデザートと発音する。ドイツ語でも同じ綴りでデアーツと呼んでいる（ナーハティッシュ＝Nachtischまたはナーハシュパイぜ＝Nachspeiseという語もある）。語源は、食べた後の「皿を下げる」という意味のフランス語の動詞デセルヴィール（desservir）で、フォーマルな食の分野におけるフランスの影響力がしのばれる。現在、一般的な解釈では、デザートは「一連のコースにあって、その終わりにサービスされるもの」だが、時代を遡るとそうでもなく、料理の中ほどで出されるものでもあったようだ。内容を見ると、チーズ、甘味アントルメ、果実がその範疇に入り、いずれかが省かれることも少なくないが、正式なディナーにおいてすべてが供される場合にはそれぞれの順も定められている。今日のサービス法ではコースの終わりにはまずチーズが出され、甘味アントルメがそれに続く。これが逆になることは決してない。そして最後にフルーツが供される。チーズとフルーツはさておき、甘味アントルメに正確な訳語はないが、概ね「生菓子扱いをされるデザート菓子」とされている。具体的にはプディングやスフレといった温製のもの、バヴァロワやムース、アイスクリーム、シャーベットなどの冷製のもの、あるいはタルトやプティ・ガトー（小型菓子）、グラン・ガトー（大型菓子）といった通常ケーキという言葉で表されているパティスリーなど、ほとんどのお菓子が含まれる。

◆ トレトゥール traiteur（仏）
フランスにおける菓子店が扱う仕事の一分野。出張料理、仕出し料理といわれる、いわゆるケータリングの部門である。フランスでは日常さまざまなパーティーが催されるが、こうした場合、馴染みの菓子店に何人前という形で依頼する。

菓子店は人数に合わせて料理、デザートをはじめ、果実、チーズ、ジュース、カクテルに至るまで、すべてを取り揃えて納入する。同国の決め事では、レストランは来店客に料理はサービスするが、ケータリングはしてはならない。一方の菓子店は料理を提供してはならないが、ケータリングは菓子店の仕事の範疇とされている。

◆ ヌーヴェル・パティスリー nouvelle pâtisserie（仏）

新しい流れのお菓子。1980年代に提唱された料理の分野における新しい流れ、ヌーヴェル・キュイジーヌと同様、現代の生活環境にあった食文化と、それに伴う味覚、食感を持ったお菓子のこと。飽食の時代と言われる今日だが、デザートは欠かせない。そうした状況下において求められるのは、より軽く口当たりよく、胃に負担をかけないものである。具体的には軽さということではムース系のものが中心となっている。その他口当たりではバヴァロワ、ブラン・マンジェ、パルフェ、セミフレッドタイプのものが求められる。また細かい気泡を持つビスキュイ生地の見直しや、軽いジャポネ（泡立てた卵白に砂糖と粉末アーモンドを加えて焼いた生地）系統の生地などがあげられる。さらには従来なかったトロピカルフルーツなどもそうした素材に組み入れられている。

◆ フイユタージュ feuilletage（仏）

小麦粉を水で練ったものにバターを包んで折り畳み、層状にした生地。日本では通称パイ生地と呼ばれる。生地を折った回数によって層が増え、この生地に熱を加えると油脂と水分を含んだ生地の間に隙間ができる。これによって独特の食感が生まれる。日本ではパイ生地という言葉を層状のフイユタージュに限定して使っているが、正確にパイ生地として限定されているものは欧米にはない。パイとはあくまでも完成された製品名であって、皿状の生地の上に具材をのせたりそれを焼いたりしたものをいう。したがって、その生地の素材はフイユタージュ以外にもビスケット生地やスポンジケーキなどが使われる。おそらく明治の初めの頃、ある人が皿状のお菓子の底に使っている生地を指して「あれは何か」と尋ね、聞かれた方はお菓子の形体を問われたものと思い、「あれはパイだ」と答えたらしい。以来、その時たまたま使われたフイユタージュをパイ生地と誤認したまま、今日に及んだようだ。この誤称は以前より指摘されていたが、製菓人から消費者に至るまで浸透しているため、現在もなおフイユタージュに限定してパイ生地という呼び名が使われている。

◆ フォンダン fondant（仏）

結晶化させた糖液。砂糖は水に入れると溶解するが、ある一定量に達すると、それ以上溶解せず沈殿していく。その溶液に熱を加えると、溶解しなくなったものも溶け始める。この飽和溶液は条件によって余分な砂糖が再び結晶化する。を糖化現象という。フォンダンとはこうした性質を利用したお菓子作りの副材料である。糖液を攪拌したりすり合わせたりすることによって砂糖を結晶化させ、白濁化させて作る。これが作られたのは1823年といわれ、これによって甘みをそこに留め置くことが可能になった。こうした効用が後のお菓子に与えた影響は大きい。今日ではエクレールのチョコレートやカフェのフォンダン、プティ・フール、プティ・ガトーやアントルメの上面処理、ウェディングケーキのアイシングなど、お菓子全般に広く使われている。日本で同様のものに、和菓子のすり蜜がある。

◆ プラリネ praliné（仏）

砂糖を溶かしてキャラメル化させ、アーモンドを混ぜて細かく挽いたもの。またそれを挽きつぶしてペースト状にしたもの。すりつぶしたものはマス・プラリネ、ドイツ語ではプラリネマッセ、英語ではプラリネ・ペイストという。ドイツでは一口チョコレート菓子のことをプラリネと総称していることからも、この素材がチョコレート菓子作りにおいていかに大切な素材であるかがわかる。アーモンドのみで作るほか、ヘーゼルナッツのみ、あるいはアーモンドとヘーゼルナッツを半々に混ぜて作るものもある。

◆ マジパン
パートダマンド pâte d'amandes（仏）
マルツィパン Marzipan（独）
マーシュパーヌ marchpane（英）
マスパン massepain（スイス）

砂糖とアーモンドを挽きつぶして作ったペースト。アーモンドの含有量によって用途も異なる。アーモンドが三分の一、砂糖が三分の二ほどのものは、色も白く粘性もあり、細工用に向いている。逆にアーモンドが三分の二、砂糖が三分の一のものは、風味が高く、他の生地への練り込み用に適している。これはマルツィパン・ローマッセ、またはローマジパンと呼ばれている。

PART 2
国別の代表的なお菓子

イギリスのパウンドケーキやオーストリアのザッハートルテ、
お菓子の本場フランス菓子も、その背景や名前の由来などの
エピソードを添えて、世界のお菓子を国別に紹介します。
知っているお菓子にも意外な発見があるかもしれません。

№ 001 | ウェファース
wafers

年代	不詳
発祥	古代ギリシャ
別名	―

特徴
鉄板で挟んで焼き上げる
薄くて軽い食感のお菓子。

主役でも添え物でも活躍する軽い食感が人気

気泡を多く含んだ非常に軽い食感の焼き菓子。ウェファースはゴーフル（→p.102）やワッフル（→p.141）と同系統の語源をもち、その意味は「ハチの巣」です。これは、凸凹のある鉄板で挟んで焼き上げるとハチの巣のような模様がつくことに由来します。wafersは英語なので、ここではイギリスのお菓子として取り上げましたが、これらのお菓子の起源は古代ギリシャにまで遡ります。当時、すでに二枚の鉄板に生地を挟んで焼く一種の煎餅や、オボリオスというウーブリ（→p.83）

の原型となるお菓子が作られていました。こうしたものが発展して今日のウェファースにつながっていきます。現代のウェファースは、やわらかい生地を格子や縞などの模様のある鉄板に流し込み、挟んで焼き上げます。そのまま食べたり、クリームやジャム、チョコレートを挟んだりして食べるなど、いろいろな楽しみ方があります。また、サクサクの食感を活かして、アイスクリームやシャーベットといった氷菓の添え物としてもよく使われます。

№002 | トライフル
trifle

年代	不詳
発祥	イギリス
別名	—

特徴
細かくしたスポンジケーキ、生クリーム、カスタードクリームなどを積み重ねたお菓子。

何でもありの材料で作る「あり合わせ」のデザート

トライフルは英語で「つまらないもの」とか「あり合わせ」という意味で、イギリスでは一般の家庭やレストランを問わずどこでも気軽に作られる冷製のデザートです。透明なガラス容器を使うことが多く、材料を重ねた層が見えるように提供されます。通常は、細かくカットしたスポンジケーキに果汁やゼリーなどをあしらい、カスタードクリームや泡立てた生クリームなどを絞って、さまざまなフルーツをのせ、交互に材料を入れて段重ねにします。ほかのケーキを作ったときに出た余りのス

ポンジケーキが使われることが多いようです。使用するフルーツの種類も特に決まりはなく、お菓子の名前の通り、あり合わせのもので作ります。スポンジケーキを浸す果汁やジュースの組み合わせもそのときどきで自由に選ばれ、近年はそれらの代わりにゼリーやワイン、シェリー酒などが使われることも多くなってきています。そう、つまり何でもありのスイーツがこのトライフルなのです。ちょっとした冷蔵庫の整理に役立つお菓子かもしれません。

№
003 | パウンドケーキ
pound cake

年代	不詳
発祥	イギリス
別名	英／*loaf cake*（ローフ・ケイク）
	仏／*quatre quarts*（カトル・カール）
	仏／*tôt fait*（ト・フェ）

特徴

小麦粉、卵、砂糖、バターを同量ずつ混ぜ合わせて焼き上げるお菓子。

1ポンドずつの材料でかんたんに作れるケーキ

バターをたっぷり使った重い口当たりのケーキで、ドレンド・チェリー（砂糖漬けのサクランボ）やレーズンなどのフルーツを加えて作られることもあります。パウンドケーキの基本的な材料の配合は小麦粉、卵、砂糖、バターが1：1：1：1で、製菓用語でいう四同割です。現在は、製作者の特色を出すために配合を多少変えて作られています。イギリスでパウンドケーキが作られた当初、材料がそれぞれ1ポンドずつで作られていたことからポンドケーキと呼ばれていたものが、パウンドケーキになり、日本でもこの名前で広まっていきました。今日のイギリスでは、ローフ・ケイク（loaf cake）と呼んでいます。フランスでは省略してcake（ケイク）といいます。あるいは、4分の1ずつの材料が4つ集まっているため、「4分の4」を意味するカトル・カール（quatre quarts）とも呼ばれますが、これはフルーツを入れたり、飾りをつけたりしないプレーンなものを指します。また「かんたんですぐにできるケーキ」という意味のト・フェ（tôt fait）という呼び名もあります。

№004 | ビスケット
biscuit

年代	不詳
発祥	イギリス
別名	―

特徴
卵、砂糖、小麦粉、バターなどを混ぜて焼き上げる、日持ちするお菓子。

 ## 2回焼いた抜群の保存性で備えあれば憂いなし

biscuitはビスキュイ（→p.146）と同じ語源をもち、bisはラテン語で「二度」、cuitはフランス語の「焼いた」という意味の語が合成された「二度焼きのパン」という意味の言葉からきています。昔はパンを日持ちさせるために、焼いたパンを薄切りにし、乾かしたり二度焼いたりして、旅での保存食や兵士たちの携行食や航海の食料にしていたといいます。1588年、イギリスとスペインは、宗教上の対立などから海上権をかけて対峙しました。無敵艦隊を擁するスペイン軍の前にイギリス軍の不利は明らかでしたが、大軍勢のスペイン軍が短期決戦を挑んでくると読んだイギリス軍は、あえて長期戦に持ち込みます。事前に大量のビスケットを船に積み込んでいたイギリス軍は、食料に何の不安もなく、存分な戦いができました。結果としてスペインの大艦隊は海の藻屑と消え、その後イギリスは七つの海を制覇することになります。その立役者がビスケットだったのです。現在も保存性が高く、味もおいしいビスケットは非常食として重宝されるお菓子です。

ビスケットとクッキーやサブレの違い

ここではビスケットに似ているお菓子をいくつか紹介します。
どれも見た目や材料が似ていますが、どのような違いがあるのでしょうか。

ビスケットとクッキーの違いは、日本では油脂分の少ないものがビスケット、油脂分を多く含むリッチな配合のものがクッキーと定義付けられています。しかし、この二つは実際のところ同様のお菓子を指します。ビスケットとは、フランス語のビスキュイ（biscuit）と同じ語源で（→ p.35）、意味は「二度焼いたもの」、すなわちラスク状のものを指す語からきたものです。一方のクッキー（cookie／cooky）は英語の「調理」を意味するクック（cook）が語源です。つまり、一方はお菓子から、もう一方は料理からきた言葉という違いがあります。そして、これらをイギリスではビスケット、アメリカではクッキーと呼んでいて、国によって呼び名が分かれているのです。つまり、ビスケットとクッキーは、日本では油脂の含有量で区別されているものの、現実的には変わりはないとみてよいでしょう。そしてフランスでは、いわゆるクッキーのことを「オー

ブンで焼いた小さなもの」を意味するプティ・フール・セック（petit four sec）もしくは単にフール・セック（four sec）と呼んでいますが、これとは別にサブレ（sablé）という語もあります。ブルターニュ地方を発祥とし、「砂」を意味するサーブル（sable）を語源とするサブレは、口に含むとパラパラと砂のように砕けるというところから付けられた呼び名です。プティ・フール・セックは、厚く焼いたもの、薄く焼いたもの、さらには揚げたもの、あるいは乾き菓子のムラングまで含む、生菓子ではない小さな一口菓子をまとめてこう呼んでいます。その中に、クッキー状の物も含まれるというわけです。ちなみにサブレには、ラング・ド・シャ（→ p.140）のような薄く焼いたものは含まれません。まとめると、ビスケットやクッキー、サブレなどのお菓子を明確に区別する基準はあいまいで、国によってさまざまな呼び方があるということになります。

№005 ｜ プディング
pudding

年代	15〜17世紀（大航海時代）以降
発祥	イギリス
別名	仏／*crème caramel*（クレーム・カラメル） 英／*bread pudding*（ブレッド・プディング）

特徴
卵、小麦粉、パンくずなどを混ぜて蒸し上げるお菓子。

🧭 船乗りのアイデア料理として生まれた蒸し菓子

大航海時代のイギリスで生まれた蒸し菓子。ある船の料理人が、卵、小麦粉、パンくず、肉の脂身など、あり合わせの材料を混ぜて味付けし、ナプキンで包んで蒸し焼きにし、これにチーズなどを振りかけて食べていました。これがプディングの始まりとされています。余りものをおいしく食べるための、船乗りの知恵から生まれたものでした。次第に一般家庭にも広がり、牛乳と卵で作ったカスタード・プディング（custard pudding）をはじめ、パンを浸して焼くパン・プディング（pan

pudding）、お米を使ったライス・プディング（rice pudding）などが生まれます。フルーツやスパイスがたっぷり入ったプラム・プディング（plum pudding）は、イギリスのクリスマスに欠かせないお菓子です。これにはプラムに限らず、贅沢にさまざまなフルーツやナッツが入れられますが、これは同国が七つの海を制覇していた名残です。また、食べてもおいしくないケンネ脂も入れるのは、大航海時代の余りものから始まったこのお菓子の起源を表す習慣です。

№ 006 | ブラウニー
brownie

年代	不詳
発祥	イギリス
別名	―

特徴
チョコレートやバター、小麦粉などを混ぜて作る平たい焼き菓子。

 ## 家事を助けてくれる妖精が名前の由来？

イギリスで古くから親しまれ、そこから伝えられたアメリカでも人気のある焼き菓子。バターケーキとクッキーの中間のようなお菓子で、一般的には大きな天板で平たく焼かれ、正方形や長方形に切り分けられて供されます。チョコレート味、ミント味などさまざまな味付けをして、ナッツやフルーツを入れたものが楽しまれています。名前の由来は、ブラウンがかった焼き色から付けられたといわれていますが、スコットランドの伝説に登場する妖精の名前から来たという説もあります。体は

ブラウンの毛で覆われているというところから、ブラウニーと呼ばれるその妖精は、人の家に住み着き、夜中にこそっと家事をしておいてくれるといいます。その名がこのお菓子に付けられたともいわれていますが、それにしても、寝ている間に洗い物や片づけもの、お掃除など、家事全般をやっておいてくれるなんて、こんなに助かることはありません。そんな愛すべき妖精と同じように、多くの家庭で親しまれているお菓子がブラウニーです。

№007 | ミンスミート・パイ
mincemeat pie

年代	不詳
発祥	イギリス
別名	—

特徴

レーズンやレモンピール、オレンジピールなどの果実類とスパイスをふんだんに使った具材をパイ生地に包んで焼き上げるお菓子。

✴ キリスト信仰の名残をもつクリスマスのお菓子

イギリスの皿状のお菓子で、単にミンス・パイとも呼ばれています。特にクリスマスにはプラム・プディングとともに食卓を彩るお菓子です。聖書によると、イエス・キリストの誕生を祝い、東方から3人の博士がそれぞれ黄金、没薬、乳香を携えてきたとされていますが、その没薬というのは、木の実や油を混ぜたミルラと呼ばれる香りのよい植物性の樹脂のことで、これがミンスミート・パイの元になったといわれています。ミンスミート・パイは、古くから肉や果実類にスパイスと甘味を加え、のばし生地で包んでゆりかごの形に作られていました。その上面に切れ目を入れ、そこにキリストを模した小さな像を入れて焼き上げていたといいます。ところが、過激なピューリタンによる宗教改革で、このお菓子は偶像崇拝に当たるとして禁止されてしまいます。やがて復活しますが、形はゆりかごから円形に変わり、詰める具は果実類のみで肉は姿を消し、動物性のものはケンネ脂だけとなり、かつて肉類の保存に使っていたスパイスは残って現在の形になりました。

№008 | アッフォガート
affogato

年代	1950年代
発祥	イタリア
別名	伊／affogato al caffe （アッフォガート・アル・カッフェ）

特徴
アイスクリームに熱いエスプレッソをかけて食べるデザート。

 ## ほろ苦いエスプレッソの海に溺れるアイスクリーム

イタリアの冷製デザートまたは冷たい飲み物。アッフォガートとはイタリア語で「溺れた」という意味で、アイスクリームがエスプレッソの中で溺れたように見えることから名前が付きました。起源は定かではないようですが、1950年代頃から人気が出てきたといいます。これは、コーヒーカップにアイスクリームを入れ、その上から熱くて濃いエスプレッソをかけて供されます。アイスクリームの味は主にヴァニラ系が多く、イタリアではさまざまなジェラート（→p.43）が使われます。エスプレッソ以外に、アマレット（杏の核にアーモンドの香りを移したリキュール）やビチェリン（ホット・チョコレートとエスプレッソの混合飲料）、あるいはその他のリキュール類を用いる場合もあります。これに泡立てた生クリームなどをトッピングとしてのせるなど、アレンジもさまざまです。ちなみに、イタリアのレストランやカフェではこれをデザートとして扱っていますが、他の国では飲み物として扱うところもあります。スイーツと飲み物の中間という位置づけになるでしょう。

№009 | カッサータ
cassata

年代	不詳
発祥	イタリア
別名	―

特徴
果実やナッツを詰めたアイスクリームや、リコッタチーズの冷製デザート。

 ## 断面が美しい魅惑のアイスクリームデザート

カッサータにはさまざまな形状のものがありますが、多くはチーズを使ったイタリアのアイスクリームケーキのようなものを指します。半球形や長方形の型に種類の異なるアイスクリームを好みで詰め、さらに果実やナッツを詰めることで、切り口の美しさや味覚のバリエーションを楽しみます。その起源は、スイスとイタリアの国境地帯で好まれている白チーズにあるといわれ、その原型に近いものは現在もイタリアのシチリアで作られています。これは、泡立てた白チーズに粉糖、ヴァニラ、果実の砂糖漬けなどを加えて冷やし固めたものです。また、それとは別に、同名の冷製デザートもあります。シナモン、ヴァニラ、チョコレート、ピスタチオなどで味付けした甘いリコッタチーズを土台にして、リキュールに浸したスポンジケーキの薄切りで覆い、表面にフォンダン（→p.30）を塗ります。そして果実の砂糖漬けなどで飾って仕上げます。形は円形、半球形、四角形などさまざまですが、中でもカッサータ・シチリアーナと呼ばれる半球形のものがよく知られています。

№ 010 | カンノーロ
cannolo

年代	不詳
発祥	イタリア
別名	伊／*cannolo alla panna* （カンノーロ・アッラ・パンナ） 伊／*cannolo siciliano* （カンノーロ・シチリアーノ）

特徴

卵、小麦粉、砂糖などを混ぜた生地を筒状にして揚げ、生クリームを詰めたお菓子。

シチリア生まれの筒状のお菓子

カンノーロは、イタリア人の大好きなお菓子のひとつで、薄くした生地をコルネ状にまるめ、揚げたものの中に詰め物をしたスイーツです。揚げずに焼いて作る場合もあります。カンノーロとは見た目の通り、イタリア語の「円筒形」という意味で、複数形ではカンノーリ（cannoli）といい、日本ではこちらの名で呼ばれることが多いようです。発祥はシチリア島にあるといわれ、そこでは最も有名なお菓子となっています。円筒形にして揚げた生地に泡立てた生クリームを詰め、その上から砂

糖漬けのフルーツなどで飾ってカラフルに仕立てるなど、さまざまなものが楽しまれています。その作り方の違いにより、カンノーロ・アッラ・パンナ（cannolo alla panna）とか、カンノーロ・シチリアーノ（cannolo siciliano）などの種類があります。前者は通常のカンノーロと同様に焼いたり揚げたりした円筒状の生地に、チェリーのコンポート（砂糖漬け）などを飾り付けたものです。後者はパスタ生地を円筒状にし、ドライフルーツ入りのリコッタクリームを詰めて作ります。

№ 011 | ジェラート
gelato

年代	不詳	
発祥	イタリア	
別名	―	

特徴
果汁や果肉、牛乳、砂糖など
を混ぜたアイスクリーム菓子。

✿ イタリアを代表する氷菓

イタリアの氷菓の代表的なお菓子です。イタリア語のジェラートの意味は「氷」です。日本では氷菓はアイスクリーム類とシャーベット類に分けられていますが、イタリアでは、そうしたものすべてをまとめてジェラートとして捉えています。こうした捉え方はフランスも同じで、フランス語の「氷」を意味するグラス（glace）と呼んでいます。イタリアはアイスクリーム類の発祥の地といわれるだけあって、その種類も多彩です。特にローマより南は、気候的に気温が高いこともあってか、冷

たいお菓子が大変好まれ、街のいたるところにジェラート屋が店を出しています。名画「ローマの休日」ではオードリー・ヘップバーンが街中の階段でジェラートを食べながら降りていく有名なシーンがありますが、それと同様にイタリア人の大人も子どもも、多くの人々が歩きながらジェラートを口にしています。ちなみに、現在あの階段ではジェラートは売っていません。観光客があまりにも映画と同じことをするため、汚れて困るからだそうです。

ズッコット
zuccotto

年代 不詳	**特徴**
発祥 イタリア	半凍結の生クリームやフルーツを薄いス
別名 ―	ポンジケーキで覆ったドーム状のお菓子。

聖職者の帽子に似せたひんやりケーキ

ズッコットはイタリアのフィレンツェのドーム状の冷製デザート菓子です。ズッコットはイタリア語で「聖職者の被り物」の意味で、たしかに帽子の形に似た半球形になっています。これは、イタリアのカトリックの宗主国としての一面が感じられる命名といえるでしょう。作り方は、薄切りのスポンジケーキをボウルなどに貼り付け、泡立てた生クリームやフルーツを詰めて凍らせてから、ボウルをひっくり返して取り外したら完成。ジェラート（→ p.43）の本場であり、冷たいお菓子

を得意としたイタリアらしいお菓子です。しっかり凍らせてしまうとかたくて食べにくいですが、ズッコットの中身は空気を含ませた生クリームなので、フォークが入りやすく、軽い口当たりが楽しめます。スイーツの世界では、こうしたものをセミフレッド（半凍結）タイプと呼んでいます。なお、同じくセミフレッドタイプに、ズッパ・イングレーゼ（zuppa inglese）やズッパ・ロマーナ（zuppa romana）などがありますが、これらもズッコットのバリエーションとみていいでしょう。

№013 ｜ スフォリアテッラ
sfogliatella

年代	1818年
発祥	イタリア
別名	―

特徴
リコッタチーズ、砂糖、フルーツの砂糖漬けなどを詰めた貝の形のパイ菓子。

貝のような見た目のサクサクしたパイ菓子

イタリア南部のカンパーニャ地方で生まれた焼き菓子。リコッタチーズ、砂糖、フルーツの砂糖漬け、シナモン、ヴァニラなどを混ぜてパイ生地に詰め、高温で焼くか、もしくは油で揚げたものです。複数形ではスフォリアテッレ（sfogliatelle）と呼ばれます。何層にも重なったパイ生地によって、表面に貝のようなひだができるのが特徴です。このお菓子は17世紀、イタリアのサレルノ県コンカ・ディ・マリーニにある「リマの聖ローサ修道院」で生まれたといいます。修道院で傷みかかった

セモリナ粉にドライフルーツや砂糖、リモンチェッロなどを混ぜ、それをフイユタージュ（パイ生地）で包んで焼いたことが始まりとされています。これが評判となり、サンタローサ（聖ローサ）と呼ばれて人気を集めました。1818年にナポリの食堂で働いていたパスクワーレ・ピンタウロがこれをアレンジして貝の形に作ったものが、やがて現在のスフォリアテッラとなりました。日本でも、たまに百貨店のイタリア展などの催事で見かけることがあるお菓子です。

NO 014 | ティラミス
tiramisù

年代	18世紀
発祥	イタリア
別名	―

特徴

エスプレッソがけのビスケットとマスカルポーネチーズを使った冷製デザート。

 ### お菓子の名前の意味は「私を元気づける」

イタリアのレアタイプのチーズケーキで、エスプレッソのほろ苦さと、濃厚なチーズの味わいが感じられるお菓子です。1980年代にイタリアで流行し、日本でも1990年頃に大きな話題となりました。ティラミスは、エスプレッソに浸したビスコッティ（フィンガービスケット）と、イタリアのロンバルディア地方で作られるマスカルポーネチーズをベースにしたクリームを層にして冷やし固めるスイーツ。凍らせて食べるセミフレッドタイプもあります。また、容器からスプーンですくって食べ

たり、大きめに作ったものを取り分けたり、提供方法もさまざまです。tiramisù のtira はイタリア語で「引っぱれ」、mi は「私を」、sù は「上に」で、「私を上に引き上げる」、つまり「私を元気にし、陽気にさせる」という意味をもちます。一説によると、18世紀のヴェネツィアで、夜の街で遊ぶための栄養補給源のデザートだったと伝えられています。また別の説では、材料に使われるエスプレッソの強いカフェインが興奮をもたらすための命名ともいわれています。

№015 ｜ バーチ・ディ・ダーマ
baci di dama

年代	不詳	
発祥	イタリア	
別名	─	

特徴
丸い形のクッキーでチョコレートをサンドしたお菓子。

キスマークのような形のかわいいお菓子

イタリアで好まれているクッキー菓子の一種。名前の意味はイタリア語でバーチ（baci）は「キス」、ダーマ（dama）は「婦人」、つまり「婦人のキス」です。お菓子の形がキスマークのように見えるからという理由の名付けのようです。イタリアでは粉末アーモンドを使った焼き菓子の総称をアマレッティ（amaretti）といいますが、バーチ・ディ・ダーマはそのうちのトリノ風のバリエーションのひとつといわれています。マカロン（→p.134）より少し小さめで、コロンとした丸い形に生地

を絞り、オーブンで焼きます。冷ました後、一方にチョコレートを塗り、もう一方を貼り合わせて完成です。二枚で一組となり、これをくっつける作業の様子からも、このお菓子の命名につながっているのかもしれません。しかし、なぜこれが「婦人の」キスとなるのかは、不思議なところです。これもイタリアらしいイメージと言われれば、そうかもしれません。ちなみにマカロンのルーツをたどると、このお菓子に行き着くともいわれています。

NO 016 | パネットーネ
panettone

年代	15世紀
発祥	イタリア
別名	―

特徴
ドライフルーツを入れた甘い
パン生地を焼き上げたお菓子。

❀ イタリアではクリスマスの主役のお菓子

イタリアで親しまれているお菓子とパンの中間のようなもので、バターをたっぷり含んだレーズン入りの発酵菓子です。イタリアでは日常的にもよく食べられますが、祝い事やちょっとしたパーティー、休日の食卓には必ずといっていいほど出されるもので、特にクリスマスには欠かせないものになっています。パネットーネは「大きなパンのかたまり」を意味し、直径10〜20cmくらいのものが一般的です。その起源は3世紀頃にまで遡るともいわれますが、実際のところははっきりしていま

せん。一説によると、ミラノをルドヴィコ・イル・モーロ（1452〜1508）が支配していた時代に、デッレ・グラッツィアにあった製菓所のウゲットという人が初めてこのパンを焼き、「トーネのパン」を意味するパネ・ディ・トーネ（pane di Tone）と名付けられたとされています。トーネは英語でトニーのことで、その製菓所の主人の名前だったようです。パネットーネは別名「ミラノのドーム型のお菓子」とも呼ばれており、このことからもミラノに始まりをもつものであることが想像されます。

No 017 | パンナ・コッタ
panna cotta

年代	20世紀初頭	**特徴**	牛乳、生クリーム、砂糖などを混ぜて冷やし固めたお菓子。
発祥	イタリア		
別名	―		

 ## バレリーナが恋した相手に作った冷製デザート

イタリア発のミルク風味の冷製デザート。イタリア語でパンナ（panna）は「生クリーム」、コッタ（cotta）は「煮た」という意味です。イタリア北部のピエモンテ州ランゲ地方で作られていた家庭菓子で、そもそもは20世紀初めの頃、ハンガリー出身のとあるバレリーナが、想いを寄せた人のために作ったものだといいます。ベースがシンプルなミルク味なので、コーヒーやチョコレート、フルーツソースなど、いろいろな味付けをしやすいところが特徴といえるでしょう。また、生のフルーツを

のせたり、ゼリーと組み合わせて層にしたりとアレンジも無限です。パンナ・コッタは1993年頃から日本でも大きなブームになりました。その当時はほかにもさまざまなお菓子が入れ替わり立ち替わり流行し、スイーツブームが世を席捲していた頃です。ちなみに、前年の1992年にはチェリーパイ、1993年はこのパンナ・コッタとともにナタデココや、なめらかプリン、黒ゴマプリンなどが流行しています。翌年はシフォンケーキ、1995年はマンゴープリンと続きました。

NO 018 | マリトッツォ
maritozzo

 年代　古代ローマ時代
発祥　イタリア
別名　伊／*Maritozzo con la panna*
　　　（マリトッツォ・コン・ラ・パンナ）

特徴
丸い形のパンに切り込みを入れ、生クリームを詰めたお菓子。

✿ 古くはプロポーズにも使われたパン菓子

イタリア生まれのスイーツで、イタリアでは街中のカフェやレストランなどでいつでも気軽に食べることができます。その歴史は長く、起源は古代ローマにまで遡るといわれています。伝統的なマリトッツォの生地にはレーズンや松の実、砂糖漬けの果実なども入れられますが、通常はプレーンのブリオッシュ（→p.127）を使い、焼きあがったものに切り込みを入れ、その間に泡立てた甘い生クリームをたっぷり挟みます。最近は、チョコレートクリームやフルーツなどを挟んだものも見かけ

るようになりました。また、イタリアの地域によっても作り方や形が異なり、たとえばローマ風のマリトッツォはマリトッツォ・ロマーノ（maritozzo romano）と呼ばれます。マリトッツォの名前の由来は、イタリア語で「夫」を意味するマリート（marito）の俗称からきています。かつては、マリトッツォの中に指輪を忍ばせ、男性が女性にプロポーズするときにこれを捧げたのだそうです。愛し合う二人を結ぶキューピッドのような役割をもっていたお菓子です。

№ 019 ｜ パヴロヴァ
Pavlova

年代	1926年
発祥	オーストラリア・ニュージーランド
別名	－

特徴
焼いたムラングの上に生クリーム、フルーツなどをのせたお菓子。

ムラングに包まれた夢のようなお菓子

パヴロヴァはオーストラリアやニュージーランドで親しまれており、くぼみを作って焼いた大きなムラングの中に、生クリームやフルーツなどを詰めて飾ったお菓子です。土台のムラングにはほんの少しワインビネガーが含まれ、一口食べるとその風味が口に広がります。名前の由来は、初めて世界ツアーを行ったバレエダンサーとして知られるロシアのアンナ・パヴロヴァからきたといわれています。1926年、アンナがそのツアーの途中に立ち寄ったオーストラリアのレストランで、「何か美味し

いものが食べたいわ」と言ったところ、出されたのがパヴロヴァだったと伝えられています。また別の説では、同じ年にニュージーランドのウェリントンのホテルで最初にこれを口にしたともいわれています。果たしてどちらが先だったのかはわかりかねますが、現在ではオーストラリアとニュージーランド、両方の国で銘菓とされています。バレリーナをイメージしてか、見た目もバレエ衣装のように軽やかで美しいお菓子です。

アップフェルシュトゥルーデル
Apfelstrudel

年代	不詳
発祥	オーストリア
別名	―

特徴

薄い生地でリンゴやレーズン、シナモンなどを包んで焼き上げるお菓子。

薄皮に包まれたアップルパイ

オーストリアの伝統菓子で、薄い生地でリンゴを包んだアップルパイのようなもの。アップフェルはドイツ語で「リンゴ」のことで、シュトゥルーデルとは、中世から伝わるオーストリアの銘菓を指します。シュトゥルーデルの語源は「渦」で、お菓子の切り口が渦巻きに見えることからの呼称です。作り方は、小麦粉を練って薄くのばした生地に、フルーツやカッテージチーズなどの具材を散らして巻き上げたもので、広く東欧やイスラム文化圏の地域にも影響を及ぼしたお菓子です。シュ

トゥルーデルの代表的なものが、リンゴを使うアップフェルシュトゥルーデルです。ほかにも、ミルク風味のミルヒラームシュトゥルーデル（Milchrahmstrudel）や、ケシの実を使ったモーンシュトゥルーデル（Mohnstrudel）などがあります。このように、生地を薄くのばして包む手法は古くからあり、フランス南西部のクルスタードやトゥールティエール、またトルコやギリシャのバクラヴァ（→p.61）というパイ風のお菓子も、シュトゥルーデルの仲間と言ってもいいでしょう。

No 021 ｜ アンナトルテ
Annatorte

年代	不詳
発祥	オーストリア
別名	－

特徴
オレンジ風味のスポンジと生クリームを層
にしてチョコレート生地をかぶせたお菓子。

味も見た目も芸術的なチョコレートケーキ

オーストリアの首都、ウィーンの銘菓。芸術や音楽の街として知られるウィーンのお菓子の特徴としては、チョコレートをふんだんに使い、その味や香り、配合のバリエーションまでさまざまに組み合わせて作ることが挙げられます。アンナトルテもそのひとつで、スポンジに染み込んだオレンジリキュールとチョコレートのハーモニーに定評があります。これは、香り高いコアントローというオレンジリキュールをたっぷり使ってスポンジに味付けを施し、同じ味付けの生クリームを使って段重ねにしています。さらに、ブラックとミルクの二種類のチョコレートに、プラリネマッセというアーモンドのペーストを混ぜて薄くのばした生地を使って上から包み込みます。包むときに、生地の上面をあえてクシャッとさせて仕上げるところがポイント。味もさることながら、見た目にも美しい芸術性の高いお菓子といえるでしょう。さすがはアートの都です。ウィーンを訪れたら、ザッハートルテ（→p.56）はもちろんのこと、このアンナトルテもぜひご賞味ください。

エスターハーツィー・シュニッテン
Esterházy Schnitten

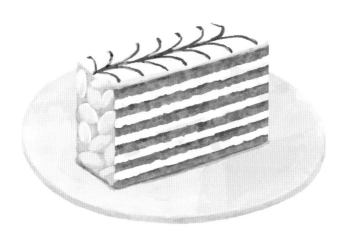

年代	19世紀
発祥	オーストリア
別名	―

特徴

ヘーゼルナッツ入りの薄い生地とバタークリームを重ねてフォンダンを塗ったお菓子。

 ## ミルフイユにそっくりでも中身は別物

オーストリアで広く作られているケーキのひとつ。一見、フランスで有名なお菓子、ミルフイユ（→p.137）を思わせる姿形です。ミルフイユはパイ生地とカスタードクリームを交互に重ねたものですが、それに対しエスターハーツィー・シュニッテンは中身が全く異なります。粉末のヘーゼルナッツをしっかりと泡立てたムラングと合わせて薄く焼き上げたものに、リキュール入りのバタークリームを挟んで5段重ねます。そして上面にフォンダン（→p.30）を塗り、チョコレートで矢羽根模様をつ

けて完成です。上面の矢羽根模様と段重ねにする点がミルフイユに似ていますが、食べてみると味は別物です。お菓子の名前は18世紀から19世紀にかけて芸術保護者として有名だったハンガリーの貴族、グラフ・フォン・エスターハーツィーの名にちなんで名付けられたそうで、オーストリアがハンガリーを併合したときにこのお菓子が伝わったといいます。そしてシュニッテンはドイツ語の「切り菓子」の複数形で、このお菓子を切り分けて食べることを意味しています。

№023 ｜ カーディナルシュニッテン
Kardinalschnitten

年代	17世紀以降
発祥	オーストリア
別名	―

特徴
スポンジとムラングの生地を棒状に
絞って焼き、クリームを挟んだお菓子。

カトリックのシンボルカラーを表すウィーンの伝統菓子

オーストリアに古くから伝わるお菓子です。カーディナルはドイツ語で「カトリックの枢機卿」のことで、シュニッテンは「切り菓子」を意味します。見た目は少しユニークですが、これはお菓子の切り口の色を見せることにポイントがあります。作り方は、卵黄の多い、つまり黄色みの強いスポンジ生地と、卵白を泡立てたムラングとを交互に棒状に絞って焼き、それを2枚1組にして、間にクリームを絞ります。クリームの味付けは、オーストリアの人が大好きなコーヒー味です。完成したもの

を切ると、断面にきれいな黄色と白が表れます。これが枢機卿のシンボルともいえるカトリックの旗のカラーを表すというわけです。昔からあるお菓子というと、重厚で飾り気がなく、味も個性的で甘みが強いと想像するかもしれませんが、このお菓子は意外なほど口当たりが軽く、癖がなく、甘さもほどほどのちょうどよい味なのです。濃厚なチョコレート色の強いウィーンのお菓子の中でひときわ目立つ、おいしくて見た目も華やかなお菓子です。

№024 | ザッハートルテ
Sachertorte

年代	1832年
発祥	オーストリア
別名	―

特徴
チョコレートスポンジにチョコレートの
フォンダン（→p.30）をかけたケーキ。

裁判にまで発展した人気のチョコレートケーキ

オーストリアを代表するチョコレートケーキで、1832年、フランツ・ザッハーという製菓人が16歳のときに創作したといわれています。彼の次男であるエドヴァルト・ザッハーは、1876年にウィーンでザッハーホテルを開業し、父の作ったザッハートルテをホテルの名物にしました。しかしその後に経営が悪化し、同市内のデメル菓子店に援助を仰ぎます。このとき、門外不出だったザッハートルテの製法が流出し、デメルでも同じ名前で販売されるようになりました。その後、ホテル側は

デメルでの販売停止を求め、裁判で争うことになります。長い論争の末、1962年に決着がつき、双方ともザッハートルテを作ることが認められ、オリジナルのザッハートルテはホテル側の呼称に、デメル側は単にザッハートルテとして売るように、という判決が下りました。ちなみに現在はどちらも本家として繁盛しています。味の違いとしては、ホテルはスポンジにアプリコットジャムを挟んでいて、デメルはジャムを挟んでいませんが、生地の配合はあまり違いがないようです。

No. 025 | ザルツブルガー・トルテ
Salzburger Torte

年代	19世紀
発祥	オーストリア
別名	―

特徴
スポンジにホワイトチョコレートを挟み、さらにホワイトチョコレートをかけたケーキ。

❁ 雪のかかったアルプスの山々を表した白いケーキ

オーストリアのホワイトチョコレートケーキ。命名にちなむザルツブルクは、著名な音楽家モーツァルトの出生地としても知られる風光明媚な街で、遠くには雄大なアルプスの山々が望めます。ザルツブルガー・トルテは、そのザルツブルクの景色をイメージして真っ白なケーキに仕立てられました。このケーキの中身は、スポンジケーキを薄くスライスし、ホワイトチョコレートと生クリームを混ぜて作った白いガナッシュを塗ってサンドしたものです。さらに、その表面全体を細かく削ったホワイトチョ

コレートでカヴァーして仕上げます。そうして完成したケーキを見ると、純白の雪に覆われたヨーロッパアルプスが目に浮かぶようです。同じくオーストリアのお菓子でザルツブルガー・ノッケルというものもありますが、これも焼き上げたスフレに粉糖を振りかけて、ザルツブルクから見える山々を表現しています。冬の寒さが厳しいオーストリアですが、お菓子の名前にするほどこの地の人々に愛される美しい景色を、一度は見てみたいものです。

№ 026 | リンツァートルテ
Linzer Torte

年代	16世紀
発祥	オーストリア
別名	―

特徴
タルトの土台にラズベリージャムを詰め、帯状の生地を掛けて焼くお菓子。

 ## タルトとトルテの分岐点となった歴史的なお菓子

オーストリアのリンツ地方の銘菓でリンツァーは「リンツ地方の」という意味です。現在、タルトとトルテは異なるお菓子として扱われています(→ p.59)。しかしこのお菓子は名前にトルテがついていながら、その形状はタルトであり、そのことからも古くからのものであることがわかります。作り方は、練り生地をタルト型に敷き、ラズベリージャムを詰め、その上に同じ練り生地を格子状にかけて覆い、オーブンで焼き上げます。今日ではシナモン入りの色の濃い生地が使われますが、昔はプレーンの白い生地で作ることが多かったといいます。この作り方の重要なポイントが、練り生地の間にジャムを挟んで焼くところで、これこそが、現在のトルテのようにスポンジケーキにジャムなどを挟むようになったことの名残といえます。この練り生地が、ほかの地域から伝わったやわらかいスポンジ生地に入れ替わり、現在のトルテが形成されていったのでしょう。つまりこのリンツァートルテはタルトとトルテの分岐点に位置するといえるお菓子です。

タルト、トルテ、フランの違い

「タルト」や「トルテ」はよくお菓子の名前に付いていますが、どんなお菓子を指す言葉なのでしょう。また、それと似たフランやパイについても解説します。

フランス語のタルト（tarte）とドイツ語のトルテ（Torte）の語源は同じで、古代ローマ時代に作られた皿状のお菓子、トゥールト（tourte）に由来します。タルトはトゥールトの直接の系譜を引く皿状のお菓子を指しますが、トルテはスポンジ生地にジャムやクリームを挟んだデコレーションケーキのような形態のものを指します。スポンジケーキが生まれたのは15世紀末ですが、そのあたりでタルトから分かれ、トルテが独自の発展を遂げていきました。リンツァートルテ（→ p.58）は、タルトの特徴が強いお菓子になっていますが、生地にジャムを挟んでいるのがポイントで、これがやがてやわらかいスポンジケーキで挟む形に変化していったものと推測されます。

また、フランス語で皿状の食べられる器に詰め物をしたお菓子や料理を指す、フラン（flan）というものもあります。タルトとの違いは、詰め物がよりクリーミーで形が必ず円形である点です。

初めの頃、フランの詰め物は挽き割り小麦のかゆ状のものをベースにミルクを加えたものだったといわれ、その語源を調べると、貨幣やメダルの刻印をする前の円形の地板を意味する語でした。この二点から考えても、フランは円形でクリーム状の詰め物をしたお菓子や料理を指し、タルトは詰め物がクリーム状・固形を問わず、また形についても、平らなものであれば円形に限らず、四角形・長方形なども含まれるお菓子です。

ついでに、英語のタート（tart）は、フランス菓子のタルトと同様に、皿状あるいは平たい形の丸いお菓子を指し、いわゆるパイを含めたすべての総称です。パイ（pie）も英語ですが、これは上面に生地やクリームなどで蓋をして中身が見えないようにしたものを特にいう呼称です。つまり、中身が丸見えならタートで、見えなければパイでもタートでも、というわけです。

スペキュラース
speculaas

年代	不詳
発祥	オランダ
別名	独／*Spekulatius*（シュペクラーティウス）
	ベルギー／*speculoos*（スペキュロス）

特徴

木型でさまざまな模様をつけた香辛料入りのクッキー。

 ## クリスマスを彩る楽しいモチーフのクッキー

香辛料入りのビスケット生地を、模様のある木型に押し付け、形を付けて焼くクッキーの一種。基本的な配合は小麦粉100に対して砂糖50、バター25、その他の卵や天然のスパイスなど20の割合で作られます。スペキュラースの名が付くときは人工的なエッセンスの使用は認められていません。ネーデルランド（オランダ）に古くから伝わるものですが、今日ではオランダ以外にも近隣のベルギーやドイツのラインラント地方などでも親しまれています。ちなみにベルギーではスペキュロス、ドイツ語圏ではシュペクラーティウスと呼ばれています。スパイスの風味が効いた堅焼きのクッキーであるスペキュラースは、特にクリスマスの時期によく作られ、ツリーに飾ったりして楽しまれています。木型は、古くは聖人や聖堂などの宗教的な題材、それにちなんだ物語の場面を彫ったものが多く見られました。その後、時代の流れとともに宗教以外のモチーフにも広がっていき、星、雪の結晶、動植物などさまざまな形で作られるようになりました。

№ 028 | バクラヴァ
baklava

年代	中世
発祥	トルコ
別名	―

特徴
ナッツ類のペーストを非常に薄い生地で挟んで揚げたお菓子。

✦ さまざまな国を跨ぐ黄金色のお菓子

中世以来、トルコをはじめとしたアラブ・イスラム圏で親しまれているお菓子。西欧諸国の中では、それらの地域と接点を持つギリシャに根付き、バクラヴァの形でそのまま、あるいはそれをアレンジしたガラクトブレコ（galaktoboureko）の名前で広まっています。バクラヴァは、パータ・フィロと呼ばれる、紙のように薄くのばした小麦粉の生地に、溶かしたバターや油を塗り、刻んだクルミやピスタチオ、アーモンドなどのナッツ類、あるいはそれらのペーストを塗り、これを層状に積み重ねて型に入れ、菱形や四角形に切り入れて黄金色に焼き上げたものです。パータ・フィロで作ったバクラヴァは、大きく焼き菓子と揚げ菓子に分類されています。挟むものの種類や形にはさまざまなアレンジがみられ、サウジアラビアではバナナの薄切りを包んで揚げています。また米を挽いた粉をミルクで溶いて塗ることもあります。また、パータ・フィロは製菓書では「スペイン風の生地」と呼ばれていることから、アラブ諸国とスペインとの接点も見えてくる奥深いお菓子です。

アマンド・ショコラ

No **029** | amandes chocolat

年代	19世紀
発祥	スイス
別名	独／*Schoko-Mandeln*（ショコ・マンデルン）

特徴
キャラメリゼしたアーモンドを
チョコレートで包んだお菓子。

世界中で愛されるアーモンドのチョコレート菓子

ひと粒丸ごとのアーモンドをキャラメルがけし、上からチョコレートで包んでココア・パウダーをまぶしたお菓子。スイスやフランスで広く親しまれていて、特にスイスのバーゼル市やチューリッヒの銘菓として知られています。ドイツ語ではショコ・マンデルンと呼ばれます。皮付きのまま軽くローストしたアーモンドを、グラニュー糖と少量の水を入れて炒ることで、砂糖が溶けてアーモンドの周りを包みます。これに少量のバターを加えて油を回し、熱いうちに手でひと粒ずつはがして冷や

します。次いでチョコレートを数回かけて厚みを与え、最後にココアを振りかけて出来上がり。シンプルなお菓子ですが、キャラメリゼによるカリッとした歯ごたえと、チョコレートの口どけが病みつきになります。バーゼルの街ではどこの菓子店もこれを山盛りにして店頭を飾っていますが、バーゼルはフランスにも近く、ドイツ語とフランス語の両方の表記で書かれることが多いようです。日本でも、百貨店や菓子店で買える手軽な手土産として重宝されているお菓子です。

№ 030 | エンガディナー・ヌッストルテ
Engadiner Nusstorte

年代	不詳
発祥	スイス
別名	—

特徴
砕いたクルミにキャラメルをからめ、ビスケット生地で挟んだお菓子。

 ## ボリュームたっぷりな大満足のタルト

クルミのヌガー（→p.113）を分厚いビスケット生地で包んで焼き上げたもので、スイスのグラウビュンデン地方にあるエンガディーンの銘菓です。そこは地理的には、スイスの右端のやや下の方で、スキーで名高いサンモリッツやポントレジーナといった著名な観光地や保養地が数多くあるところです。そして、良質のクルミを産出することでも知られています。山あり渓谷ありの自然豊かな場所で、ちょうど日本の信州信濃辺りを思わせる場所です。かつてここではクルミの栽培は多くありませんでしたが、この土地に来たイタリア人の製菓人が、母国で使っていたクルミを使ってこのお菓子を作ったところ、たいへん評判になったといいます。以来、クルミの栽培も盛んになり、またこのお菓子も同地の銘菓として作り続けられ、今に至っています。その味はというと、口当たりの軽いものが好まれることが多い近年の傾向とは一線を画し、たっぷりのナッツと濃厚なキャラメルの風味が口いっぱいに広がる、重厚にして存在感溢れるタルトです。

№ 031 | シュネーバレン
Schneeballen

年代	不詳
発祥	スイス
別名	—

特徴
帯状の生地を丸めて揚げ、粉糖をまぶしたお菓子。

雪の球のように純朴で歴史あるお菓子

シュネーバレンとは直訳すると「雪のボール」で、その名の通りの白い球状のお菓子です。練った小麦粉生地を薄くのばして帯状に切り、丸めて茶こしを二つ合わせたような型に入れ、油で揚げます。型の中で膨れて球状に揚がったそれに粉糖をまぶして出来上がり。スイスの北の方からドイツの南部、オーストリアにかけて作られてきたお菓子です。スイスの歴史をたどると、1499年にハプスブルク家より独立を果たしましたが、そうした背景からか伝統に縛られない自由で進歩的な気風を備えています。ただし、独立

以前からの古いものもしっかりと引き継いでいます。このシュネーバレンもそのひとつで、山間部に生きてきた人々の素朴な生活がそのまま垣間見られるようです。ちなみに、フランス語では同じく「雪の球」の意味でブール・ド・ネージュと呼ばれますが、この名称はシュネーバレンだけでなく、丸い形のアイスクリームや一口サイズのホワイトチョコレートなどを指すこともあります。また、サクサクの丸いクッキーに粉糖をかけたお菓子もその名で親しまれています。

№ 032 | シュプリンゲルレ
Springerle

年代	不詳
発祥	スイス
別名	―

特徴

アニスで香りづけした生地に模様を
付け、白さを残して焼き上げるお菓子。

 ## アニスの香りがただよう白いクッキー

スイスやドイツを中心としたドイツ語圏の
国々で作られている焼き菓子です。シュ
プリンゲルレには、アニスという香辛料
が使われます。アニスは芳香性の高いセ
リ科の植物で、その果実であるアニシー
ドは揮発性のアニス精油を含み、甘い
香りを放ちます。またこれを使ってアニゼッ
トというリキュールも作られます。シュプ
リンゲルレには、全卵、粉糖、小麦粉に
アニスを混ぜて香りを効かせた生地を
作り、ローラーや木型を押し当てて模様
をつけます。焼成にはやや気を遣い、表
面に焦げ目をつけず、白さが残るように
焼いていきます。また、焼いた側面が持
ち上がり、下側が少し広がるような形が
よいとされてもいます。いくつかの種類
が作られますが、そのなかの「アニスシュ
プリンゲルレ」と呼ばれるものは、生地に
アニスを混ぜるだけではなく、生地を天
板に並べた後に、表面にもアニシードを
振りかけます。スイスではいつでも気軽
に食べられますが、特にクリスマスには
これを大皿一杯に盛り付けてツリーの下
に置き、パーティーが始まります。

No 033 ｜ バーゼラー・レッカリー
Baseler Leckerli

年代	不詳
発祥	スイス
別名	―

特徴
蜂蜜、シナモン、キルシュを入れた生地に
フルーツの果皮を混ぜて焼いたお菓子。

 ## スパイスたっぷりのバーゼル市の「おいしいもの」

スイスのバーゼル市の銘菓でクッキーの一種。蜂蜜やスパイスがたっぷり入った生地にオレンジやレモンなどの果皮を混ぜ、強火のオーブンで焼き上げて作ります。キルシュなどの洋酒を使うため、保存性にも優れたお菓子です。スイスは、フランス、ドイツ、イタリアに接していて、それぞれの影響を受けながら、それらとは異なる独特の文化を育んできました。ドイツとフランスに接しているバーゼル市で、この街特有のお菓子として誕生したのが、このバーゼラー・レッカリーです。

もともとはレッカリーという名前でしたが、この地の名物として地名も入れてこう呼ばれるようになりました。レッカリーとは、ドイツ語で「おいしいもの」という意味のレッカライ（Leckerei）の語尾を縮めてリー（li）をつけたもの。スイスの方言では単語の後ろにliをつけると、「～の小さいもの」の意味になります。フランス語でも語尾にetteとかletteをつけると、同様の言葉になります。つまり、バーゼル市の小さなおいしいもの、それがバーゼラー・レッカリーなのです。

№034 ｜ クランセカーカ
kransekaka

年代	不詳
発祥	スウェーデン
別名	ノルウェイ／ *kransekake*（クランセカーケ） デンマーク／ *kransekage*（クランセカーゲ）

特徴

大きさの異なる輪の形のお菓子を積み上げて作る飾り菓子。

🌀 積み上げて作るスウェーデンのウェディングケーキ

スウェーデンを含む北欧諸国などで親しまれている飾り菓子です。スウェーデンやデンマーク、ノルウェイといった北欧諸国と呼ばれるスカンジナビア半島のあたりは、知名度の高いお菓子があまり多くありません。ただそんな中でも全くないというわけでもなく、ここで紹介するクランセカーカは、スウェーデンを始めとした国々の飾り菓子として非常に有名なものとなっています。特に誕生日や結婚式等の様々な催事の飾り付けとして用いられることが多いため、見た目も豪華で華やかです。

作り方は、まず大きさの異なるリング型にマカロン生地を絞って焼き、それをグラス・ロワイヤル（→p.28）という卵白で練った砂糖で飾り、この輪を大きいものから順に円錐状に積み上げていきます。積み上げるお菓子で何かを祝うというのは、フランスのクロカンブッシュ（→p.180）と似ています。ちなみにノルウェイではクランセカーケ、デンマークではクランセカーゲと呼ばれますが、作り方は基本的に同じであることを考えると、やはり北欧はひとつの文化圏だと感じられます。

プリンセストータ
prinsesstårta

年代	1930年代
発祥	スウェーデン
別名	―

特徴
スポンジケーキとバタークリームの土台を緑色のマジパンで包んだケーキ。

王女も虜にした鮮やかなグリーンのケーキ

スウェーデンで一般的に親しまれている華やかなケーキ。スポンジケーキとバタークリームを土台として、全体を緑色に着色したマジパンでカヴァーしてあるのが特徴です。基本的には緑色ですが、近年はピンクや黄色など、外側を覆う色のバリエーションが増えてきています。1930年代に、スウェーデンのカール王子の娘の教師だったイェンニ・オーケシュトレム（Jenny Åkersrtöm）が書いた料理書『Prinsesessomas kokbuku』に初めてこのお菓子が登場しています。当初は、

その色合いから「緑色のお菓子」という意味のグレントルタと呼ばれていましたが、後にカール王子の3人の娘たちがこれを気に入ったとして、プリンセストータと呼ばれるようになったということです。たしかに、王族の女性たちでも心を奪われるような美しい見た目をしています。北欧は地理的にみても、中欧のように開けてはいませんでしたので、その文化が根付くには時間がかかりました。そんな中で異彩を放つお菓子のひとつ、目にも鮮やかなケーキが、このプリンセストータです。

№036 | ペッパルカーカ
pepparkaka

年代	不詳	**特徴**	ジンジャーやシナモンなどのスパイ
発祥	スウェーデン		スを入れ、模様を描いたクッキー。
別名	―		

心も体も温まるクリスマスのスパイスクッキー

香辛料を使って焼き上げるスウェーデンのクッキー。ペッパル（peppar）は「ペッパー」、すなわち香辛料の意味で、このお菓子にはジンジャー、シナモン、クローヴなど、好みでさまざまなものが使われています。そしてカーカ（kaka）はケーキやクッキー状のものを指します。日常的にも楽しまれますが、特にクリスマスの時期のスウェーデンでは、小さな穴をあけて焼いたペッパルカーカに、グラス・ロワイヤル（→p.28）を使って星やベル、ハートなど思い思いの絵を描き、クリスマスツ

リーに吊るします。まるで日本の七夕飾りのような習慣です。そして子供たちはそのツリーの下でクリスマスにちなむ歌を歌ったり、家族や友達同士でカード遊びに興じたりしながら、楽しく聖夜を過ごします。また、このお菓子にたくさんの香辛料が使われるのには理由があります。北欧の冬は寒さもひとしおです。こうした香辛料をもって、体の中から温めるのです。北国ならではの生活の知恵から生まれたスイーツともいえるでしょう。

スコーン

scone

年代	不詳
発祥	スコットランド
別名	―

特徴

小麦粉や大麦粉に牛乳、砂糖などを
混ぜて、石の形に焼き上げるお菓子。

オオカミの口に焼きあがったら大成功

パンとお菓子の中間的な食べ物として楽しまれている焼き菓子。現在はイギリスの代表的なお菓子として認識されていますが、本来はスコットランドに伝わるお菓子です。粗挽きした大麦を使って焼いたバノックと呼ばれるスコットランドの古いお菓子の系譜を引いています。これが当初は薄く硬いビスケットだったものが、やがてふっくらとしたものに変わっていきました。スコーンの名前は、スコットランドのバース城にある国王の戴冠式に使う椅子の土台の石（the stone of scone）から付けられたといいます。この石に似せて作られたため、スコーンは丸い形となり、またそれが聖なる石とされることから、ナイフを使わず手で割って食べることがマナーとされています。そして、手で横向きに割りやすいように、焼き上がりが膨れて二段に割れている状態が良いとされています。そのときの割れ口がギザギザになるため、「オオカミの口」とも称されます。このお菓子を割って、ジャムやクロテッドクリーム（イギリスの乳製品）を塗って食べるのが定番です。

№ 038 ｜ チュロス
churros

年代	不詳
発祥	スペイン
別名	―

特徴
口金を付けた絞り袋に生地を詰め、
熱した油に絞り出して揚げるお菓子。

歩きながら食べられる細長い揚げ菓子

スペインの代表的なスナック菓子で、単数形ではチューロ（churro）ですが、複数形のチュロスの名で呼ばれることも多く、このお菓子の専門店はチュレリア（churrería）と呼ばれます。材料は小麦粉と水を中心に作るものから、卵や牛乳を加えたものまでいくつかの配合のバリエーションがあります。口金を付けた絞り袋にこの生地を詰め、熱した油の中に手早く絞り出して作ります。使われる口金は、太さは直径1センチほどで、先がギザギザになっている星形のものが一般的です。

でき上がりは棒状や丸い形、Uの字をした馬蹄形、あるいはその先を交差させた形など、さまざまなタイプに作られます。以前は家庭でもよく作られていたといいますが、最近はそれも少なくなり、街のカフェや屋台、駅のスタンド式のスナックのようなところで販売され、特に朝食用として食べられています。そしてそのとき、必ずと言っていいほど、アツアツのチョコレートドリンクがセットで朝食に出てきます。スペインではこれが日常なのです。

ポルボロン
polvorón

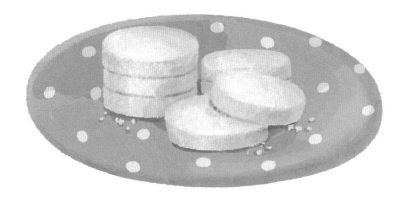

年代	不詳
発祥	スペイン
別名	－

特徴
あらかじめ焼いた小麦粉で作る
くずれやすい口当たりのクッキー。

 ## ほろほろくずれるやわらかいクッキー

口に含むとほろほろとくずれる独特の口当たりのスペインのクッキー。複数形ではポルボロネス（polvorónes）といいます。ぱっと見ただけでは、やや厚みがある普通のクッキーに見えますが、初めて口にした人からは、もれなく驚きの声が上がるお菓子です。その秘密は作り方にあり、あらかじめ小麦粉が淡く色づくほどしっかりと焼いておきます。こうすることで、小麦粉に含まれるグルテンの粘り気が消え、出来上がったものを口に含むと、名前の通り、口の中でポルボロンッとくず

れるのです。ただし、本当にもろいので、食べ方に少し工夫がいります。このお菓子は和紙のような紙に包まれ、両端がおひねりのようになっているので、先に手でギュッと握って固め、そして紙を剥いて口にします。こうすると、細長く固まって口に入れやすく、食べやすくなります。昔から材料に油脂としてラードを使っていましたが、最近は豊かになってきたためかバターを使うものも増えてきました。またシナモンやレモン風味など、味付けも多彩になっています。

№ 040 ｜ マサパン・デ・トレード
mazapán de Toledo

年代	不詳
発祥	スペイン
別名	―

特徴
トレド産のアーモンドを使った
さまざまな形のマジパン菓子。

三日月形のお饅頭みたいなトレドのお菓子

スペインの首都マドリッドの先にある古都トレドの銘菓。スペインの中部以南はアーモンドの産地として知られ、また、特にトレド産のものはおいしいアーモンドとして知られています。洋菓子に欠かせないアーモンドは比較的土地の痩せたところで栽培されるものが良質とされています。そんなご当地特産の珠玉のアーモンドを使ったマジパンのお菓子がマサパン・デ・トレードです。マサパン（mazapán）はスペイン語でマジパンを意味し、アーモンドと砂糖を混ぜ、挽きつぶして練ったものです。それを三日月形や各種フルーツ、動物、植物、魚などいろいろな形に模して一口大にし、焼き上げたものがトレドの街のいたるところで売られています。見た目も鮮やかに着色されたものや、中にジャムなどを入れたものもあるようです。かわいらしく、食べてもおいしいマサパンは、それなりに日持ちもするのでまさにお土産にぴったりです。トレドを訪れたら、お気に入りのマサパンを探してみてはいかがでしょう。

№
041

エブルスキーヴァー
Ebleskiver

年代	17世紀以降
発祥	デンマーク
別名	―

特徴

小麦粉、バター、卵、生クリーム、砂糖
などの生地を丸い形に焼いたお菓子。

 ## まるでたこ焼き！ デンマーク式スイーツ

デンマークで人気のデザート菓子。見た目はまるで日本のたこ焼きそのものですが、その作り方も似ています。小麦粉、バター、卵、生クリーム、砂糖などで作った生地を、直径3センチほどの半球形の型に流し入れ、串を使ってひっくり返しながらキツネ色に焼き上げて作ります。この型もたこ焼き器を思わせるもので、フライパンのように火をあてるタイプと、ホットプレートのようなタイプがあります。そうして焼きあがったものを皿に盛り、上から粉糖を振りかけ、アップルソースを添えて供し

ます。つまり、味や食べ方はパンケーキ（→p.151）のようなものです。デンマークでは日常でも気軽に食べられるお菓子のようですが、時として、レストランなどでれっきとしたデザート式のスイーツとして扱われることもあるようです。日本のたこ焼きと発想は同じものですが、その仕上がりは全く違うという面白さが感じられるお菓子です。たこ焼き器を持っていればかんたんに作れるのでチャレンジしてみてもいいでしょう。

№042 | アップフェル・イム・シュラーフロック
Apfel im Schlafrock

年代	17世紀以降
発祥	ドイツ
別名	仏／*pomme en cage*（ポンム・アン・カージュ） 英／*apple ball*（アップル・ボール）

特徴
リンゴをまるごとパイ生地で
包み、焼き上げたお菓子。

🜸 世界各地で親しまれるまるごとリンゴのパイ包み

「ナイトガウンをまとったリンゴ」という意味のドイツのお菓子です。フランスでは「かごの中のリンゴ」という意味のポンム・アン・カージュの名前で親しまれています。皮をむき、芯を取ったリンゴの中にバター、砂糖、シナモンなどを詰め、薄くのばしたパイ生地で包み込んで焼き上げるもので、いわばリンゴまるごとの立体的なアップルパイです。その姿がちょうどナイトガウンをまとったようだとして、ドイツやオーストリアといったドイツ語圏の国々でよく作られています。ちなみに日本では「寝間着

を着たリンゴ」の名で呼ばれています。素材にはそれぞれいろいろな味付けのセオリーがありますが、リンゴには昔からシナモンの風味が合うとされてきました。確かにアップルパイや焼きリンゴなどにも必ずと言っていいほど、このコンビネーションは用いられています。またこれに使うリンゴの種類ですが、アップルパイには、どちらかというと、果肉のやわらかいものの方が味が染み込みやすく、向いているようです。

シュヴァルツヴェルダー・キルシュトルテ

Schwarzwälder Kirschtorte

年代	不詳	
発祥	ドイツ	
別名	―	

特徴

チョコレートケーキをサクランボと生クリームで飾ったお菓子。

 ## 「黒い森」を表現したチョコレートケーキ

ドイツを代表するチョコレートケーキで、スイスやオーストリアなどドイツ語圏の国々でも親しまれています。シュヴァルツヴェルダーはドイツ語で「シュヴァルツヴァルト地方の」という意味で、そのシュヴァルツヴァルトを直訳すると「黒い森」になります。そしてその土地には文字通り、暗くて黒い豊かな森林地帯が広がり、また良質のサクランボの産地としても知られています。そうしたイメージから、黒いチョコレート味のスポンジケーキをベースに、ゼラチンを含んだ生クリームをあしらい、

特産物のサクランボを飾ったお菓子にこの名前が付けられたのだと思われます。またこれにはドイツ人の長年にわたる森への親しみが込められたものとも感じられます。こうした感性と表現は、お隣のフランスにも見られます。たとえば、サクランボこそのせていませんが、削ったチョコレートを全体にまぶしたフォレ・ノワール（forêt noire）というチョコレートケーキが親しまれています。お菓子の名前の意味も全く同じで「黒い森」です。

№ 044 ｜ シュトレン
Stollen

年代	14世紀初頭
発祥	ドイツ
別名	―

特徴
スパイスやドライフルーツの入った発酵生地を細長い形に焼き上げたお菓子。

杖やゆりかごの形を表現したとされるお菓子

レープクーヘン（→p.81）と並んで、ドイツで古くから親しまれているクリスマスのお菓子。細長い形の発酵菓子で、その形は一説ではキリストが生まれたとき、東方から来た三人の博士がついていた杖に由来するといわれています（それにしてはやや太すぎますが）。また、他説ではキリストのおくるみや、キリストのゆりかごの形になぞらえたもので、上からかける粉糖はキリスト生誕の日に降っていた雪を表しているともいわれています。記録によると、14世紀の初め、ドレスデンでこのお菓子の存在が記されていますが、多くの人々がこれを認知したのは15世紀前半頃からで、以後この街の銘菓となり、今に至っています。はじめは丸い形だったようですが、やがて、オーブンで焼くときの効率を高めるために、細長い形になっていったものと思われます。ちなみに、ドレスデンのほかにライプチッヒで作られるものも有名です。最近では日本でもクリスマスの時期に合わせて販売され、少しずつ切り分けて食べるお菓子としてよく知られるようになりました。

№045 | バウムクーヘン
Baumkuchen

年代	1800年頃
発祥	ドイツ
別名	―

特徴

棒に生地をかけて回しながら焼き、
年輪のような模様をつけたお菓子。

年輪を出すための長い道のりを経て完成したお菓子

ドイツやルクセンブルクなどの地域の銘菓で、切り口が木の年輪のように見えることが特徴。円形の芯棒を回しながらやわらかい生地をかけて焼き、これを繰り返して年輪のような模様を作ります。何かに棒を刺し、回しながら焼くというのは、石器時代から行われていたことで、このお菓子も手法としてはかなり古いものといえるでしょう。15世紀半ばに、シュピースクーヘン（Spiesskuchen）というお菓子がありました。これは焼き串で焼くお菓子と伝えられていますが、生地をひも状にして棒に巻き付けて焼いていたよ

うです。16世紀になると、生地を平らにのばして棒に巻き付けるようになります。そして17世紀末にようやく流れる状態の生地を棒の周りにかけて焼く手法が登場します。シュピースクラプフェン（Spiesskrapfen）やプリューゲル（pruegel）と呼ばれるものです。しかしこれも切り口ははっきりとした年輪状にはならず、これに手が加えられて1800年頃に今の形になってきました。これは砂糖、卵、小麦粉、バターなどの材料が手に入りやすくなったことによるものでしょう。

№ 046 ｜ ブレーツェル
Brezel

年代	不詳
発祥	ドイツ
別名	―

特徴
細長くのばした発酵生地を交差させて蛇のとぐろの形に焼いたお菓子。

❀ 永遠を表す蛇のとぐろの形のお菓子

　ひらがなの「め」のような独特の形をしたドイツ系の乾き焼き菓子で、日本ではブレッツェルと呼んでいますが、正しくはブレーツェルと発音します。名前の由来はラテン語の「腕」を表すブラーキウム（brachium）からきているともいわれ、もともとはオーストリアの首都ウィーンで作られていたパンの一種に起源があるといいます。ブレーツェルは、発酵生地で作り、粗塩をまぶしたものが一般的ですが、その他にクッキー生地やパイ生地など、いろいろな種類の生地で作られます。たとえばパイ生地で作るものはブレッタータイク・ブレーツェル（Blätterteig Brezel）と呼ばれています。ブレーツェルは、棒状の生地の両端を内側に曲げ、中でクロスさせて作りますが、この形をブレーツェル形といいます。かつてその先端は蛇の頭の形に作られていました。とぐろを巻いた蛇の姿は、神秘の象徴であり、また初めも終わりもない永遠、つまり不死を表すものと信じられていました。そのため、ブレーツェルの形は、現在でもパン屋や菓子店を表す象徴的な形として使われています。

№ 047 | ヘクセンハオス
Hexenhaus

年代	不詳
発祥	ドイツ
別名	－

特徴
蜂蜜入りのスパイスクッキーを
組み立てて家の形にしたお菓子。

クッキーで作るメルヘンなお菓子の家

ヘクセンハオスはドイツ語で「魔女の家」という意味のクリスマスのお菓子で、ドイツやスイス、オーストリアなどのドイツ語圏で広く親しまれています。グリム童話の『ヘンゼルとグレーテル』のお話に出てくるお菓子の家は、このヘクセンハオスのことです。同じくクリスマスのお菓子であるレープクーヘン（→p.81）という蜂蜜とスパイスが入ったクッキーをたくさん使って作られます。焼き上げて組み立てたレープクーヘンに、グラス・ロワイヤル（→p.28）を絞って模様を描き、クッキーやチョコ

レート、キャンディーなどを貼り付けて飾ります。飾り方はほかにもさまざまな工夫が凝らされます。たとえば、煙突から綿を出して煙に見立てたり、家の中に豆電球を配して点滅させたり、まるでミニチュアの模型のように手の込んだものもあるようです。また近年はレープクーヘン以外のビスケット生地などでも作られることも。お菓子の家を部屋に飾り、子供たちは胸をときめかせながら、楽しいクリスマスの到来を指折り数えて待つのです。

№ 048 | レープクーヘン
Lebkuchen

年代	14世紀
発祥	ドイツ
別名	独／*Honigkuchen*（ホーニッヒクーヘン）

特徴
生地に蜂蜜やスパイスなどをたっぷり入れて焼き上げたクッキー。

 ## 修道院で作られていた蜂蜜クッキー

蜂蜜入りのクッキーの一種。蜂蜜を使ったお菓子は古くからありますが、この名前で呼ばれるようになったのは14〜15世紀頃からといわれています。この頃、修道院では最上級品のキャンドルとされる蜜蝋作りが盛んで、その副産物として入手できる蜂蜜を使ってレープクーヘンが作られたといいます。そして、修道院や教会を訪れる人々に参拝記念として、一種のお土産として親しまれ広まっていったとされています。現在でも、このお菓子に描かれる模様は、聖書にちなんだ刻印やデザインを施したものが多く見られます。名前の由来については諸説あるようです。昔、修道院ではラテン語で「供物用のお菓子」を意味するリーブムと呼ばれており、これが転じてレープクーヘンになったとされています。別の説では、スパイスなどを使い、体に活力を与え、生命をみなぎらせる力があるということで、レーベンスクーヘン（生命のお菓子）が転じたとも。現在は、ドイツ語で「蜂蜜のお菓子」を意味するホーニッヒクーヘンとも呼ばれています。

№ 049 ドボシュトルタ
dobos torta

年代	1884年
発祥	ハンガリー
別名	独／*Dobostorte*（ドボシュトルテ）

特徴

ココア風味のケーキの上にキャラメルがけしたスポンジ生地を並べたお菓子。

 ## 立体的な形が美しいココアとキャラメルのケーキ

ハンガリー発祥のココア風味のケーキ。キャラメルを塗って固めた薄いスポンジ生地を、細長い三角形に切り、ケーキの上面に斜めに立てかけ、扇風機のファンのようにしたおしゃれなデザインが特徴です。起源を探ると、東欧ハンガリーのドボシュ・C・ヨージェフという人が1884年に考案したものといい、お菓子の名称も彼の名前にちなんだものといわれています。また、お菓子の形が太鼓に似ていることから、ハンガリー語のドブ（太鼓）を付けてドボシュの名になったとの説もあります。

その後の政治的な状況の変化とともに、オーストリアやドイツ語圏の各地に広がっていきました。デザインも立体的で素晴らしく、味もココアテイストに加えてキャラメル風味にするなど、なかなか先進的なデザートで、考案者の腕、技量の高さがしのばれます。第一次大戦終結の1918年までは、ハンガリーとオーストリアはハプスブルク家の支配する帝国であったため、今でも双方にまたがって親しまれているお菓子や関連した名前のものが多く見られます。

№ 050 ウーブリ
oublie

年代　古代ギリシャ時代
発祥　古代ギリシャ
別名　—

特徴
薄焼きの生地を巻きつけて
シガレット状にしたお菓子。

❋ 古代の面影を残すシガレット風の巻き菓子

薄く焼いたウェファース状の生地を巻いて作る伝統的なフランス菓子。古代ギリシャ時代に作られていたオボリオス（obolios）と呼ばれるシガレット風の薄い巻き煎餅の系譜を引くもので、ウーブリ（oublie）という名前の由来もそこにあるといわれています。また、フランス語で「忘れる」という意味のウーブリエ（oublier）という言葉に結びつくという説もあります。これは、このお菓子が非常に軽い口当たりで、口に入れるとほろほろとくずれ、そのおいしさと軽さとに思わず我を忘れる、

というところからこう呼ばれるようになったということです。しかし、歴史的にはこうした命名の仕方もないわけでもないので、はっきり否定はできませんが、この説は少々無理があるようにも思えます。おそらく後世、たまたま類似語であることから、言葉遊びのようにして結びつけられたものと考えられます。古代ギリシャ時代に生まれたこのウーブリは、宗教菓子としても親しまれ、古代ローマ、中世、近世、近代と伝えられ続けて、現代にまで引き継がれてきました。

№ 051 | エクレール
éclair

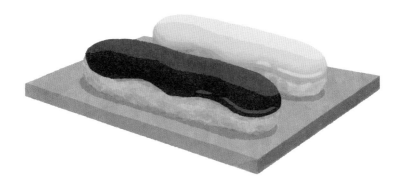

年代	1822年以降	
発祥	フランス	
別名	英／*eclair*（エクレア）	

特徴

細長い形のシューにチョコレートやコーヒー味のクリームを詰めたお菓子。

稲妻のように光るシュー菓子の人気者

フランスで非常にポピュラーなシュー菓子。細長く絞ったシュー生地を焼き、そこにチョコレートやコーヒーで味と香りをつけたカスタードクリームなどを挟んで作ります。さらにその上面にチョコレートやコーヒー味のフォンダン（→ p.30）などを塗って仕上げます。チョコレート味のものはエクレール・オ・ショコラ（éclair au chocolat）とも呼ばれます。名前はフランス語で「稲妻」を意味し、シューを細長く焼いたときに膨らんで表面にひび割れが入ることからそれを表すとか、あるいは表面に塗っ

たチョコレートまたはフォンダンが照明の光を映してピカッと光ることからなどとして付けられたとされています。シュー生地が世間に定着したのは17世紀の半ば頃とされ、さらにフォンダンができたのは1822年といわれているため、このエクレールが作られたのもそれ以降と考えられます。現在は、フルーツテイストのフォンダンやマロン風味のクリームなど、さまざまなアレンジが登場し、カラフルなエクレールが菓子店に並ぶようになりました。

No 052 ｜ オペラ
opéra

年代	1920年以降	
発祥	フランス	
別名	―	

特徴
スポンジケーキとコーヒー味のバタークリーム、チョコレートなどを重ねたケーキ。

オペラ座をイメージした豪華なチョコレートケーキ

フランスのコーヒー味のチョコレートケーキ。パリのオペラ座界隈の菓子店が作ったものといわれていますが、その起年については諸説あります。1920年のクリシーという菓子店が作ったという説や、そのクリシーから店を譲り受けたマルセル・ビュガ（パリのパティスリー・ダロワイヨの店主の義兄弟）が作ったという説、あるいはその彼からそのお菓子を受け継いだアンドレ・ガビヨン（ダロワイヨの社長）が1955年にオペラの名を付けた説などと、さまざまにいわれています。いずれにしろ、華

麗なオペラ座のイメージに寄せ、チョコレートの重厚さに金箔を施したものにオペラの名を付したということです。その作り方は、粉末アーモンド入りのビスキュイ・ジョコンドという生地と、コーヒー味のバタークリーム、ガナッシュなどを交互に重ね、表面にチョコレートを塗り、その上に金箔をあしらって豪華なデザインに仕上げます。なお、近年は上面にやわらかいチョコレートを使ったり、抹茶味のコーティングにしたり、さまざまなタイプのものが作られています。

Column

まだある！ さまざまなシュー菓子

日本でも知られているシュー・ア・ラ・クレーム（→p.106）やエクレール（→p.84）、パリ・ブレスト（→p.117）以外にも、フランスにはまだまだたくさんのシュー菓子があります。ここでは、それらをさらに紹介します。

シーニュ
cygne

フランス語で「白鳥」の意味で、その名の通りスワンの形のシュー菓子。雨だれ形の胴体を上下半分に切って、下側は生クリームを詰め、上側は二枚に切り、羽に見立てています。シュー生地は細く絞ってもその形を保つ特性があり、首の部分はそれを活かして作られています。

サランボ
salambo

楕円形やエクレールの形に作ったシューの上面にキャラメルをかけたお菓子。キャラメルの香ばしさと、飴特有のカリッとした歯触りが特徴です。サランボはフランス人作家の小説に登場する女の子の名前から付けられたようですが、その由来については不明です。

サン・トノーレ
Saint-Honoré

1840年頃、パリのサン・トノーレ通り（現在とは異なる古い通りの名）に店を開いたシブースト（Chiboust）という製菓人が考案したというシュー菓子。丸く平らなシューの上面の周りに、丸く小さいシューを王冠状に並べてキャラメルで貼り付け、内側にクレーム・シブースト*を絞って飾ったもので、大型と小型のものがあります。ちなみにサン・トノーレはパン屋の守護聖人の名前ですが、菓子店の守護聖人をも兼ねています。

ポン・ヌフ
pont-neuf

パリを流れるセーヌ河にはいくつもの橋があり、その一つが由来のお菓子。ポンは「橋」、ヌフは「新しい」、つまり「新橋」となりますが、名前に反して橋の中では最も古いものです。この橋は、セーヌ中央に浮かぶシテ島の先端を横切り、右岸と左岸を繋いでいるため、ちょうど十字を結ぶ形となっています。このお菓子もそれになぞらえて、上面に帯状のパイ生地を十字にかけ、フランボワーズのジャムと粉糖で紅白に飾られています。

＊シブーストが考案した、ゼラチンとムラングを入れたカスタードクリーム。

スーリ
souris

フランス語で「ハツカネズミ」を意味するシュー菓子。欧米（特にフランス）では、ハツカネズミは愛玩用として扱われます。シュー生地を雨だれ形に絞って焼いたものを白いフォンダン（→p.30）で被覆し、チョコレートで目鼻としっぽを描いて仕上げます。

ポルカ
Polkas

1830年頃に生まれたボヘミアのポルカという民族舞踊に由来するといわれているお菓子ですが、詳細は不明です。作り方は、ビスケット生地やパイ生地の上にシュー生地をリング状に絞って焼き、その中にカスタードクリームまたはクレーム・シブースト*を詰め、上面をキャラメル状にして完成です。

ルリジウーズ
religieuse

フランス語で「修道女」の意味で、黒いヴェールを被った修道女に見立てたお菓子。大小二つの丸く焼いたシューに、チョコレートやコーヒー味のフォンダンをかけ、大の上に小を積み上げて作ります。大型のものと小型のものがあります。

ペ・ド・ノンヌ
pet de Nonne

「揚げて膨らませたもの」を指すベニエ・スフレ（beignet soufflé）の一つで、小さく絞り出したシュー生地を揚げたお菓子。直訳すると、なんと「尼さんのおなら」。由来は、マルムティエ大修道院ポム・レ・ダムの若い修道尼アニエスがシュー生地を作るときについそれをしてしまい、恥ずかしさで思わず手にしていたシューを熱い油の中に落としました。すると見る間に膨れ上がり、とても美味しいお菓子になったといわれています。この名前を避けたい人のために、「尼さんのため息」を意味するスーピール・ド・ノンヌ（soupir de Nonne）という別名もあります。フランス人はこういう話が大好きですが、シュー生地のような流れやすい生地は、古くから煮たり揚げたりして作っていました。つまりこれは、古典的なお菓子なのです。

プロフィットロール
profitrolles

パーティーなどでよく出されるシューアイスの一種。小型に丸く焼いたシューの中にアイスクリームを詰めて積み上げ、上からチョコレートソースをかけて供します。アツアツのチョコレートと中身のアイスクリームの冷たさのコントラストが意表を突くお菓子です。

№ 053 | ガトー・ド・ピティヴィエ
gâteau de Pithiviers

年代	1920年以降
発祥	フランス
別名	―

特徴
パイ生地にアーモンドクリームを詰め、
表面に車輪の模様をつけたお菓子。

窃盗団のおかげで王室に認められたお菓子

フランスのオルレアネー地方の都市であるピティヴィエ市の銘菓。かつては生地の中にひばりの肉が詰めものとして使われ、食通の間では話題の食べ物だったといいます。それが変化し、1506年、同市のプロヴァンスィエールという菓子店が初めてクレーム・ダマンド（アーモンドクリーム）を使った美味なお菓子に仕立てました。それがパイ生地で包む現在の形になったといいます。また、ガトー・ド・ピティヴィエにはある話が伝わっています。フランス国王シャルル九世がマリー・トゥッシュという女性を訪ねた帰りに、ピティヴィエの近くのオルレアンの森で窃盗団に襲われ捕らえられてしまいました。捕らえられているときに、王はその夜盗たちから食料としてこのお菓子を与えられ、それをたいそう気に入りました。無事に解放された後、それを手掛けたピティヴィエの製菓人に王室御用達の特権を与えたということです。そういった経緯から、その製菓人はこのお菓子を作るとき、王が乗っていた馬車の車輪の形になぞらえて模様を入れるようになったといいます。

№054 | ガトー・バスク
gâteau Basque

年代	19世紀	**特徴**	
発祥	フランス	厚めのタルト生地にカスタード	
別名	—	クリームを詰めたお菓子。	

✣ 17世紀のお菓子に改良を加えて完成したバスクの銘菓

日本語に訳すと「バスク地方のお菓子」という名前のフランス菓子。バスク地方はフランスとスペインにまたがるピレネー山脈の麓にあるビスケー湾に面した地で、バスク語を話すバスク人が住むひとつの独立した文化圏です。そこのフランス領バスクのラブール地方で育まれたこのお菓子は、タルト型を使って作られ、食べ応えのあるどっしりとした口当たりが特徴とされています。そもそもは、17世紀にバスクのカンボ・レ・バンという温泉町で作られていた、とうもろこしの粉とラードを使ったクッキー状のお菓子がもとになっています。18世紀になると、そのお菓子に特産のダークチェリーのジャムなどをサンドするようになり、19世紀になって他の地域に売りに行ったところ好評を得たことで、バスクの銘菓として「ガトー・バスク」と呼ばれるようになりました。現在のようにカスタードクリームを入れるようになったのは19世紀末頃といわれています。シンプルながら分厚い生地とカスタードクリームの濃厚な味わいが魅力のお菓子です。

№055 ｜ カヌレ・ド・ボルドー
cannelés de Bordeaux

年代	1790年
発祥	フランス
別名	―

特徴
牛乳、卵、薄力粉、砂糖などを混ぜた
生地をカヌレ型で焼き上げたお菓子。

戦時下の修道院で生み出された焼き菓子

ワインの産地として知られるフランスの
ボルドーの銘菓。カヌレはフランス語で
「溝付きの」や「波形の」という意味で、
12本の溝が入った縦長の型で焼いてい
ることによる命名です。17世紀にボルドー
の修道院で、物納された原材料を使っ
て作られたという説や、16世紀に同じく
同地の修道院で姉妹の修道女が作った
棒状の焼き菓子が元になって変化したと
いう説があります。あるいは、さらに遡り、
12～15世紀頃、当時イギリスの支配下に
あったため、同国のマフィンやプディング

が元になって今の形に変化していったと
いう説も伝えられているようです。いずれ
にしても、それらのお菓子はその後一度
立ち消え、1790年に復元されて、現在は
ボルドーのスペシャリテとして親しまれる
ようになりました。フランスは中世後半
になっても未だ戦が絶えず、飢餓や疫病
に悩まされていました。そこに宗教心が
高まり、修道院や教会にさまざまなもの
が物納され、そうしたところでお菓子作
りが盛んに行われました。このお菓子も
そのひとつの産物だったといえるでしょう。

№ 056 | カリソン
calisson

年代	不詳	
発祥	フランス	
別名	―	

特徴
細長い形に成形したアーモンド比率の高いマジパンにグラス・ロワイヤルをかぶせたお菓子。

✿ 花びらのような形の南仏のお菓子

フランス南部のエクス・アン・プロヴァンス地方の銘菓。一片の花びらのように、両端が尖った細長い形をしているのが特徴です。薄いウェファースの生地を敷き、土台としてアーモンド比率の高いマジパンをのせて、表面をグラス・ロワイヤル（→p.28）でカヴァーして作ります。カリソンの誕生に関しては諸説あるようですが、ひとつは1473年フランスのレネ王の再婚の宴席にまつわるもので、王妃ジャンヌに心を寄せていた料理人が彼女のためにこれを手掛けたといいます。それを口にしたジャンヌ姫がそのおいしさに打たれ、「まるで優しい抱擁（calin）のよう」と言ったところから、カリソン（calisson）と呼ばれるようになったそうです。ほかには、キリスト教のミサのときに、このお菓子が聖杯（calice）に入れられていたことから名づけられたという話も伝えられています。そんなカリソンですが、1996年に『南仏プロヴァンスの12か月』という本が英国紀行文学賞を受賞し、これがきっかけで南仏の地のお菓子として日本でも知られるようになりました。

ガレット・ブルトンヌ
galette bretonne

年代	不詳
発祥	フランス
別名	―

特徴
バター、卵、砂糖、塩、小麦粉、粉末のアーモンドなどを混ぜた生地を使った厚焼きクッキー。

ショートブレッドが元になった分厚いクッキー

フランスの大西洋岸に位置するブルターニュ地方に古くから伝わる円形の分厚い焼き菓子。この地方にはブルトン人と呼ばれる人々が住んでいて、独特の文化を築いています。身に着けている衣装も被り物も特有で、自分たちの文化を重んじる意思が感じられます。そうした彼らが育み、現在も愛し続けているお菓子のひとつがガレット・ブルトンヌです。粉末のアーモンドを含む生地を使い、普通のクッキーとはかけ離れた厚みをもたせて焼かれるお菓子で、食べたときのざっくり

とした口当たりからも、通常のフランスのお菓子とは違った趣きが感じられます。一説によると、アングロサクソンの人たちに追われてこの地に住み着いたというブルトン人たちが、イギリスで作っていたショートブレッド（バタークッキーの一種）を引き継ぎ、それが元になってこのお菓子が作られていったといいます。そう言われてみれば、このざっくりした食感は、イギリスのショートブレッドやスコーンに通じるところが確かに感じられます。

№ 058 ｜ ギモーヴ
guimauve

年代	不詳	
発祥	フランス	
別名	―	

特徴
水、ゼラチン、砂糖、フルーツの
果汁などを混ぜて固めるお菓子。

❊ フルーツを贅沢に使った天然の香りがポイント

フランスで作られるマシュマロのこと。ギモーヴは、和名ではウスベニタチアオイという植物のフランス語名です。一般的なマシュマロはフレーバーで香りを付けることが多いですが、ギモーヴは果汁を用いて作る、天然の香味を特徴としています。アメリカなどで好まれているマシュマロは、基本的に泡立てた卵白を主体として、ゼラチンや砂糖、香料を混ぜて作られているため、フワッとした食感に仕上がります。一方、フランスのギモーヴは、人工の香料はほとんどの場合使われ

ません。たとえばフランボワーズのギモーヴを作るときは、フランボワーズのピュレ（果肉をすりつぶしたもの）をたっぷり使って香りを出し、仕上がりの色についても鮮やかな自然の色合いを活かすため、人工の色素を使う必要もありません。このあたりがフランス菓子のこだわりのひとつといっていいでしょう。ギモーヴの形については、基本的には四角いサイコロ状に作られますが、細長くしてねじった形にしたり、アレンジが自由に楽しまれています。

№ 059 | クイニーアマン
kouign amann

年代	1860年頃
発祥	フランス
別名	―

特徴
バターをふんだんに入れ込んだパン
生地を丸い形に焼き上げたお菓子。

バターを贅沢に使った濃厚なパン菓子

フランス北東部のブルターニュ地方で親しまれている焼き菓子です。日本ではクイニーアマンと呼ばれていますが、フランスではクイニャマンと発音します。ブルターニュにあるフィニステール県ドゥアルスネ市の銘菓として、1860年頃に同地のイヴ・ルネ・スコルディア（Yves-René Scordia）というパン職人によって考案されたものだといいます。伝えられている話では、当時小麦粉が不足し、逆にバターが余っていたといいます。そこで彼は小麦粉を節約して作り、結果バターの比重が非常に

高いパン生地ができました。当然いつものようにできませんでしたが、その生地を無駄にするのも忍びないとそのまま焼いてみました。こうして出来上がったのが、このクイニーアマンです。ちなみに小型のものはクイニェット（kouignette）といいます。材料の在庫状況による偶然の産物だったわけですが、こんなにもバターをふんだんに使って作るとは、何とも贅沢なお菓子です。このクイニーアマンは、1998年に日本に上陸し大ブレイクして良く知られるようになりました。

№060 | クグロフ
kouglof

年代	16世紀以降
発祥	ポーランド・オーストリア
別名	独／*Kugelhopf*（クーゲルホップフ）

特徴
レーズン入りの発酵生地を王冠の形に焼き上げたお菓子。

マリー・アントワネットも好んだ王冠の形のお菓子

王冠の形をした発酵菓子。フランスではクグロフと呼ばれます。本来はポーランドやオーストリアで親しまれてきたもので、後にロレーヌやアルザスを経てフランスに入ってきました。現在はイーストの発酵で作られますが、18世紀以前はビール酵母によって作っていたとされています。名前の語源はドイツ語で「球」を意味するクーゲル（Kugel）あるいは、「肩覆い付きの男性用帽子」を意味するグーゲル（Gugel）とされています。このお菓子はオーストリアのハプスブルク家からルイ十六世に嫁いだマリー・アントワネットが大変好み、それがきっかけとなってフランスでも大いに流行したといわれています。そしてこれを普及させたのは天才製菓人と謳われたアントナン・カレームだとする書籍があります。その本によると彼は、その頃の駐仏大使シュヴァルツェンベルク大公の料理長のウジェーヌからこのお菓子の作り方を伝授されたといいます。他書によれば、パリで最初にクグロフを作ったのはジョルジュという人の経営する店であるとする説もあるようです。

クサン・ド・リヨン
coussin de Lyon

年代	17世紀
発祥	フランス
別名	－

特徴
チョコレート風味の生地を色つきの生地で包んだクッションの形のマジパン菓子。

リヨンが疫病から救われた記念のお菓子

フランスの南東に位置する都市・リヨンの銘菓。クサンとはフランス語で「クッション」の意味で、それを思わせる四角い形をした一口大のお菓子です。チョコレート風味のマジパンを鮮やかな色のマジパンで包んだもので、これを糖液につけて表面に砂糖の結晶をつけて仕上げます。同地のチョコレートの名店ヴォワザン（Voisin）で売られているものは、鮮やかな青緑色ですが、他店のものは別の色でも作られています。このお菓子については、こんな話が伝えられています。

17世紀にリヨンでコレラが流行った時、人々は同地の西側にあるフルヴィエールの丘の教会に祈りを捧げました。このとき、礼拝堂に「七つの聖堂の形をしたキャンドル」と「絹のクッションの上に置かれた金貨」を納めました。そのお陰か、リヨンの人々はこの疫病から救われました。このときの絹のクッションをお菓子の形で表現して作られたのが、クサン・ド・リヨンの始まりといわれています。そして、このありがたいお菓子は現在もリヨンの街のいたるところで売られています。

№ 062 ｜ クラフティ
clafoutis

年代	不詳	**特徴**
発祥	フランス	タルトに卵や牛乳を流し、サクラ
別名	―	ンボを入れて焼き上げたお菓子。

やわらかいクリームのチェリーのタルト

主にサクランボを使ったタルト型のお菓子の一種で、フランスのリムーザン地方やオーヴェルニュ地方の銘菓として知られているものです。フランスでは通常、このお菓子のように中身の具材が溶液状のものはフラン（→p.59）と呼ばれていますが、この地方ではクラフティと呼んでいます。実のところ、タルトやフラン、クラフティの厳密な違いは決まっていないところがあります。そのため、これについても別名タルト・ドゥーヴェルニュ（tarte d'Auvergne）と呼ばれることもあります。

名付けられたままにクラフティの名で呼んではいますが、その実体はタルトだという解釈のようです。つまり、お菓子としてはあくまでもタルトやフランの一種で、クラフティの名前は一地方の銘菓の固有名詞であると解釈していいでしょう。また、サクランボ以外の果実を使った場合はフロニャルド（flaugnarde）と呼ばれますが、これは「やわらかい」とか「フワッとした」という意味で、実はクラフティより前に作られ、クラフティの元となったお菓子とされています。

№ 063 | クレープ
crêpe

年代	中世
発祥	フランス
別名	―

特徴
水分の多い生地を鉄板に薄く流し、のばして焼き上げたお菓子。

 ## おやつにも軽食にも活用される便利なお菓子

流動状の生地を薄くのばして焼いたお菓子。クレープはフランス語で「絹のような」という意味で、中世フランス語のクレスプ（cresp）またはクリスプ（crisp）から転じたとされています。クレープは当初、パンの代わりあるいはおやつとして供されていたといいます。現在も、添える具材次第ではオードブルからメインディッシュ、デザートに至るまで幅広く活用されています。また、クレープにアイスクリームを添えると、アントルメ・フロワという冷菓になり、熱いソースをかければアントル

メ・ショーという温菓にもなります。パリでは、レストランのデザート用としても、街角で気軽に買えるおやつとしても楽しまれています。大西洋岸のブルターニュ地方ではクレープを名物としていて、町中いたるところにクレープリーと称するお店があり、そこでは甘いトッピングから、ハム、ソーセージなどを添えた食事的なものまでメニューも豊富で、生地も小麦粉のみで作られるものからそば粉入りのものまで幅広くそろえてあります。

イギリス皇太子や女優を喜ばせた特別なクレープ

フルーツや生クリームをのせたり、チョコレートなどのソースをかけたりとさまざまなアレンジが楽しめるクレープですが、ある女性の名前を付けられたクレープには、こんなエピソードがあります。

クレープ・シュゼット　crêpe Suzette

クレープ・シュゼットはフランスでデザート菓子として親しまれているクレープの一種です。この名前の由来については諸説あります。ひとつは19世紀のイギリスの話で、後のエドワード七世が皇太子の頃、お気に入りの女性とともに食事をした時のことです。皇太子付きのシェフのアンリ・シャルパンティエがオレンジとレモンの果汁、果皮とともに砂糖、バター、リキュールなどで独特のソースを考案しました。そして食べる直前に食卓の灯りを落とし、ソースのリキュールを燃え上がらせました。この趣向に皇太子はたいへん喜び、同席したシュゼット嬢の名をとって、クレープ・シュゼットの名を与えたということです。

他説では、パリの劇場でシュゼットという女優がクレープを食べる役を演じていましたが、毎日食べることがだんだん憂鬱になっていました。それを聞いた彼女のファンの一人の料理人が、この特別なクレープを作って毎日舞台に提供しました。大役を終えた彼女は、御礼にそのクレープに自分の名をプレゼントしたといいます。こうしたエピソードが語り継がれるほど、格別のおいしさのクレープです。

№ 064 | クレーム・ブリュレ
crème brûlée

年代	17世紀
発祥	フランス
別名	―

特徴
牛乳、生クリーム、卵黄、砂糖などを混ぜた生地を焼き、表面をキャラメル状にしたお菓子。

 ## 焦がしキャラメルとクリームのハーモニー

濃厚なカスタードクリームを焼き上げるフランスのデザート菓子。名前はフランス語で「焼いたクリーム」という意味で、カスタードプリンと同種のお菓子ですが、牛乳の半量を生クリームに置き換え、全卵のところを卵黄だけにして作るので、いうなれば贅沢なプリンといったところです。また、上面にグラニュー糖または赤砂糖を振りかけ、コテやガスバーナーを使って焦げ目をつけ、キャラメル状にするのが特徴です。これにより、キャラメルの歯ごたえとクリームのハーモニーが生ま

れます。このお菓子の起源には諸説あり、これに似たさまざまなお菓子が元になったといわれています。ひとつは17世紀以前よりスペインの北東部のカタロニア地方の家庭で作られていたという、クレマ・カタラーニャ（crema catalana）です。ほかには、イギリスで17世紀に作られていたバーント・クリーム（burnt cream）というお菓子や、フランスのリヨンの料理人ポール・ボキューズが壺入りのお菓子のポ・ド・クレーム（Pot de crème）に手を加えたのが始まりだという説もあるようです。

№ 065 | クレメ・ダンジュー
crèmet d'Anjou

年代	1900年頃	
発祥	フランス	
別名	―	

特徴
生クリーム、クリームチーズ、ムラングを混ぜて作るレアチーズケーキ。

❄ 赤いソースがお似合いの真っ白なレアチーズケーキ

フレッシュタイプのレアチーズケーキのひとつ。クレメとは文字通りクリーム状のものを指し、アンジューはフランス西部のロワール地方の地名のこと、つまり「アンジュー地方のクリーム状のお菓子」という意味です。その起源をたどると1900年頃に遡るとされ、アンジュー地方の酪農家が、バターを作る攪拌機の羽根に付いたクリームを集めて、それにソースを添えて食べたのが始まりとされています。作り方は、泡立てた生クリームやフロマージュ・ブラン（フレッシュタイプのクリーム

チーズ）にムラングを合わせることで、より軽い食感にし、ガーゼに包んで容器に詰めて冷蔵庫で冷やしてから皿に出します。すべての材料が白いため、完成したお菓子も真っ白になり、さらに名前のアンジューという地名が天使を意味するアンジュ（ange）のイメージと重なるところから、同地のスペシャリテ（シェフの自慢の料理）として長く愛され続けています。お菓子自体が白いため、ソースはイチゴやフランボワーズといった赤い色が似つかわしいとされています。

№066 | ゴーフル
gaufre

年代	13世紀以前
発祥	フランス
別名	―

特徴
やわらかい生地を模様が彫られ
た鉄板で挟んで焼き上げるお菓子。

 ## パリの街角で食べ歩きされるお菓子

ゴーフリエと呼ばれる鉄製の流し器に生地を流して挟み、焼き上げるお菓子。ゴーフリエには長い柄の先に2枚の鉄板が付いていて、格子模様や宗教的な図柄が彫られています。起源は、薄く焼いた生地を巻くウーブリ（→p.83）というお菓子が元になっているようで、その生地が凸凹のある型で焼かれるようになり、「浮き出る模様をつける」という意味のゴーフレ（gaufrer）、あるいは蜂の巣を意味する（gaufre）がお菓子の名前の語源になっているといわれています。パリの街角

では、クレープ店と同様に小さなスペースの店舗があり、そこでこれを焼いていて、道行く人は紙に包まれたジャムやバターがのった焼き立てのゴーフルを歩きながら食べています。13世紀の終わり頃の詩などにもたびたびその名が出てくることから、歴史もかなり古いことがわかります。その頃も現在と同じように大道で売っていたようで、宗教的な祝祭日にはゴーフル売りが教会の入り口でそれを焼き、人々はその出来立ての味に舌つづみを打っていたと伝えられています。

№067 | コンヴェルサシオン
conversation

年代	17世紀以降	
発祥	フランス	
別名	―	

特徴
パイ生地にアーモンドクリームを包み、アイシングをして格子状にパイ生地を重ね、焼き上げたお菓子。

「会話」が弾むおしゃれなフランス菓子

アーモンド味のフランスのパイ菓子。コンヴェルサシオンはフランス語で「会話」という意味です。タルトやそれより小さいタルトレット型にパイ生地を敷き込み、中にクレームダマンド（アーモンドクリーム）を詰めます。その上に薄くのばしたフイユタージュをもう一枚かぶせ、上面全体にグラス・ロワイヤル（→ p.28）を薄く塗り、そしてさらに上から細く切ったフイユタージュを斜め格子にかけて焼き上げるという、手の込んだお菓子です。名前の由来については、食べるときにバリバ

リと鳴る音がまるで会話をしているようだとして付けられたといわれていますが、どうでしょう。別の説では、あるハンドサインが関係しています。フランスでは、左右の人差し指を交差させ、バッテンを作る仕草に「会話」の意味があり、フランスの語学学校などでは、生徒同士に会話を促すときなどに使われます。つまり、このお菓子の上面の模様の×印に見えるデザインが名前の由来になっているというのです。どうやら後者の方に説得力があるように思えます。

№ 068 | サヴァラン
savarin

年代	19世紀中頃	**特徴**	リング形に焼いた発酵生地をシロップに
発祥	フランス		浸し、穴にクリームなどを詰めたお菓子。
別名	―		

偉大な美食家の名前から名付けられたお菓子

発酵生地を使って作るデザート菓子の一種。中央に穴の開いたリング形にして焼き上げた生地を洋酒の入ったシロップで浸し、穴にクリームなどを詰めて、フルーツなどを上にのせて飾られます。19世紀の中頃、ジュリアン・オーギュストというパリの製菓人が、レーズン入りの発酵生地を使うババ（→ p.116）というお菓子の生地にレーズンを加えないものを作り、それを浸すシロップにも改良を加えて、ブリア・サヴァランと名付けました。ブリア・サヴァランという人物は、正式名はブリア・

サヴァラン・ジャン・アンテルム（1755〜1826）といい、フランスのブルターニュ地方生まれで、本業は弁護士ですが、何より彼の名声を高めたのは『味覚の生理学』という本を著したことによるものでした。日本では『美味礼讃』のタイトルで訳されて出版されています。これにより、偉大なる美食家として語り継がれることになりました。この著名な食通評論家に敬意を表して命名されたこのお菓子は、後にサヴァランと短く略して呼ばれるようになりました。

№069 | シャルロット
charlotte

年代	19世紀
発祥	フランス
別名	―

特徴
帽子に見立てたビスケット生地の器にムース
やバヴァロワを流して冷やし固めたお菓子。

夫人の帽子に見立てたおしゃれなデザート

ムースやバヴァロワの生地をフィンガービスケットで囲った華やかな大型のデザート菓子。形が婦人の飾り帽・シャルロットに似ているところから、この名が付けられました。完成したお菓子を帽子に見立ててリボンがかけられることもあります。シャルロットには冷製と温製のものがありますが、現在は冷製のもののほうが一般的になりました。このお菓子は、温冷共に天才製菓人アントナン・カレームの作ったものといわれています。冷製のシャルロットはシャルロット・リュス（charlotte Russe）、つまりロシア風シャルロットと呼ばれています。これについては、彼の著書『パリの王室製菓人』の中で「私がパリに店を構えていたときに思いついたもので、最初に作ったものは警察長官と外務大臣の家に届けた」と書かれていました。命名の理由は、ロシア皇帝との縁で作ったものなのでロシア風と付けられたとされています。ロシア皇帝がパリにやってきたとき、彼が接待役を務めて皇帝に喜ばれ、ロシアに招かれるようになって縁ができたということです。

No 070 | シュー・ア・ラ・クレーム
choux à la crème

年代	16世紀末頃
発祥	フランス
別名	米／*creme puff*（クリーム・パフ）
	独／*windbeutel*（ウインドボイテル）

特徴
中が空洞になるように焼いた生地にカスタードクリームなどを詰めたシュー菓子。

日本語では「クリーム入りのキャベツ」

フランスのポピュラーなシュー菓子。日本ではシュークリームの名前で親しまれています。シューとはフランス語で「キャベツ」の意味で、直訳すると「クリーム入りのキャベツ」になりますが、これはシューが膨れた形がキャベツのようだとして付けられた名前です。記録によると1581年、マルクス・ルンポルトという人が書いた本の中にクラプフェンというお菓子が出てきます。そこには、底に穴の開いた壺にシューに似たやわらかい生地を流し、沸騰した油の中に落として揚げる方法が記されています。これがシューの原型になったと考えられています。生地を落として揚げるベニェ・スフレ（beignet soufflé）というシュー菓子や、熱湯に入れて固めるニョッキも似た製法です。ところで、シュー生地は焼くとなぜ膨らむのでしょう。それはお餅と同様、水分が水蒸気になり、体積が増えて膨らむ仕組みで、ちょうどよく膨れたときに生地に含まれている卵が固まるため、風船のようになるのです。その中にクリームなどを詰めたお菓子がシュー・ア・ラ・クレームです。

№ 071 | ショソン
chausson

年代	17世紀以降
発祥	フランス
別名	仏／chausson aux pommes（ショソン・オ・ポム）

特徴
パイ生地に具材を包み、二つ折りにして焼き上げたお菓子。

スリッパみたいな形のかわいいパイ菓子

パイ生地に何かの具材をのせ、二つ折りにして焼き上げるお菓子です。ショソンはフランス語で「上靴」や「スリッパ」、「運動靴」などの意味をもち、パイを二つ折りにしたその形が半月形になるため、それがスリッパや木靴の先のようだとしてこの名前が付けられたといいます。現在のフランスの菓子店の商品構成の中では、あまり高いグレードとして扱われていないようですが、かつてはグレードの高い高級菓子の部類に属していました。中に入れる具材にはいろいろなものが使

われますが、最もポピュラーなものがリンゴでしょう。いわゆるアップルパイの一種になります。フランス語でリンゴは「ポム」といいますが、それを使ったお菓子として非常に有名なのが、このショソン・オ・ポム（chausson aux pommes）です。多くは、二つ折りにしたパイ生地の表面に葉脈の模様を入れ、葉に見立てて作られます。このほかにもプラムやアプリコットなどを包んだショソンが楽しまれています。ほかのパイ菓子と同様、焼き立てが最高においしいお菓子です。

№ 072 | スフレ
soufflé

年代	不詳
発祥	フランス
別名	―

特徴
小麦粉、砂糖、クリームソースなどにムラング
を加え、ふわりとした食感に焼き上げたお菓子。

アツアツの焼きたてをすぐに召し上がれ

熱いうちに提供されるフランスのアント
ルメ・ショー（温菓）のひとつ。スフレは
製菓用語では糖液の煮詰め温度を示す
呼称のひとつでもあります。デザート菓
子でのスフレとは、フランス語で「ふくれ
る」という意味をもちます。スフレにはク
リーム味のスフレ・ア・ラ・クレームと、フ
ルーツ入りのスフレ・オ・フリュイの二つの
タイプがあり、またそこに使う洋酒はグラ
ンマルニエやコアントローといったオレ
ンジ系のリキュールが好まれています。
ちなみに、フランスでは「スフレは人を

待たせる」という言葉があります。スフレ
を作るときに泡立てた卵白の気泡を利用
して焼き上げるため、焼き上がってすぐの
うちは、気泡が膨張して見事に膨れてい
ますが、オーブンから出すとどんどん萎ん
でいってしまうので、必ずオーダーが入っ
てから作り出します。そのため、注文した
人はその焼き上がりを待たねばならず、
また焼き立てのタイミングを逃さずに食
べなければなりません。そんなことが逆
に面白いお菓子として捉えられ、人気を
呼びました。

№ 073 | ダッコワーズ
dacquoise

年代	不詳	
発祥	フランス	
別名	―	

特徴
粉末アーモンドの生地にムラングを加えて焼き上げ、クリームを挟んだ軽い食感のお菓子。

サクッと軽いムラングのお菓子

粉末アーモンド入りの生地にムラングを加えて作った軽い食感のフランス菓子。ダッコワーズとは、フランス語で「ダックスの」という意味で、フランスの西南部のランド県ダックス地方の名が命名の由来といわれています。詳細ははっきりしていませんが、おそらくその地の製菓人が初めに手掛けたか、その地に何らかのゆかりがあってこの名前が付されたのでしょう。作り方は、泡立てたムラングに粉末アーモンドを混ぜた生地を焼き上げ、コーヒーまたはプラリネ（アーモンドと砂糖を混ぜて焦がし、ペーストにしたもの）を挟んで、上から軽く粉糖を振りかけて仕上げます。このお菓子はもともと大型のアントルメ（食後のデザート）として作られるものですが、昨今はアントルメとしてではなく、それを小型化させて小判型に作られ、フール・ドゥミ・セック（半生菓子）として仕立てられたものが流行しています。小さくなったことで、手土産などにも重宝されるようになりました。サクッと軽い食感とアーモンドの深い味わいを特徴としたスイーツです。

タルト・タタン
tarte Tatin

年代	1888年
発祥	フランス
別名	仏／*tarte des Demoiselles Tatin*
	（タルト・デ・ドゥモワゼル・タタン）

特徴
タルト型にリンゴを敷き詰め
てから生地を流し、焼き上が
りにひっくり返すお菓子。

 ## うっかりひっくり返してできたアップルパイ

アップルパイの一種。これにはあるお話が伝わっています。オルレアネー地方のラモット・ブーブロンという町に狩人のための小さな旅籠屋を営むステファニー・タタンとカロリーヌ・タタンという老姉妹がいました。1888年のある日、姉妹がデザートに作ったリンゴのタルトをオーブンから出そうとしたときに、ひっくり返してしまいました。せっかく作ったのにと、がっかりしながら口に入れてびっくり。裏返しになって天板で焼けてしまった表面がキャラメル状になり、香ばしい風味を醸し出していたのです。以来、このお菓子は最初からひっくり返して焼くようになり、タタン姉妹のタルトということでタルト・タタン、あるいはタルト・デ・ドゥモワゼル・タタン（tarte des Demoiselles Tatin）と呼ばれ、伝統的なフランス菓子のひとつとして受け継がれてきました。これには諸説あり、パイ生地を敷くのを忘れ、慌てて後からかぶせて焼いたとか、あるいはリンゴを炒めていると、焦げた臭いがしたので、慌ててパイ生地をかぶせてフライパンごとオーブンに入れて焼いたなどともいわれています。

№075 | ドラジェ
dragée

年代	古代ローマ時代
発祥	フランス
別名	仏／*dragée aux amandes*（ドラジェ・オ・ザマンド） 伊／*confetti*（コンフェッティ）

特徴
アーモンドなどをカラフルに着色した砂糖で包み込んだお菓子。

陶器のようになめらかで美しい祝い菓子

ナッツやチョコレートなど、いろいろなものを糖衣したお菓子を総称してドラジェといいますが、中でも特に知られているのがアーモンドを使ったドラジェ・オ・ザマンドでしょう。大粒のアーモンドを砂糖でコーティングし、ピンクやブルー、白、時には金や銀などのカラフルな着色を施して作ります。フランスをはじめとしたヨーロッパの国々では、誕生日、結婚式、婚約式などのいわゆるお祝い事や、キリスト教の洗礼式、聖体拝領にもプチギフトとして使われます。陶器のようにすべす

べして高級感のあるドラジェを陶製の容器や金箔で飾られた布張りの箱などに入れて渡せば、きっと喜ばれることでしょう。その起源は、古代ローマにまで遡るといい、紀元前177年、ローマの有名な貴族ファビウス家では、自分の家に子供が生まれたときや家族が結婚したときなどに、喜びの印として市民にドラジェを配っていたといいます。ちなみに、アーモンド以外にはしばみの実やピスタチオ、チョコレート、マジパンなどを包み込んだものも作られます。

No 076 | トリュフ
truffe

年代	20世紀
発祥	フランス
別名	仏／*truffe au chocolat*（トリュフ・オ・ショコラ） 英／*Chocolate truffle*（チョコレート・トリュフ）

特徴
丸めたチョコレート
にココアなどをまぶ
したお菓子。

珍味のきのこにそっくりなチョコレート菓子

食材としてのトリュフは西洋松露といわれるきのこの一種ですが、お菓子の分野ではそのきのこから命名された一粒チョコレート菓子を指します。西洋松露はフォワグラ、キャビアと並んで世界三大珍味とされており、1825年頃、美食家のブリア・サヴァランはこれを「黒いダイヤモンド」と称しました。トリュフには白や灰色など色々な種類がありますが、中でも黒がその代表的なものです。これに似ているとして名付けられたチョコレート菓子のトリュフは、正式にはトリュフ・オ・ショコラとい

います。ガナッシュと呼ばれるチョコレートクリームを丸めて球状に成形し、これをチョコレートで包み、ココアをまぶして、いかにも土の中から取り出したきのこのように仕上げます。ほかにも、粉糖をまぶしたり、網の上で転がして角を出させたり、チョコレートの細い線絞りをして飾ったりもします。中身のガナッシュにはブランデーやウィスキー、リキュールなど好みのお酒類やプラリネ（ナッツの砂糖がけのペースト）などを入れて味のバリエーションが楽しまれています。

№077 ヌガー
nougat

年代	古代ギリシャ時代
発祥	中央アジア・中国
別名	独／*Nugat*（ヌーガト）

特徴
アーモンドを砂糖で煮詰めて固形にしたお菓子。

 ## 堕落するほどおいしいナッツの砂糖菓子

煮詰めた砂糖とアーモンドなどで作るお菓子。語源はクルミやナッツなどを意味するラテン語のヌックス（nux）からヌガー（nougat）に転じたといわれています。このことから、当初はくるみやその他のナッツ類を使っていたようですが、現在では主にアーモンドを使って作られるようになりました。ほかの説によると、このお菓子を食べた人々があまりのおいしさに、「我々を堕落させる」という意味のフランス語イル・ヌー・ガート（il nous gâte）と言い、それが縮んでヌガーになったともいわれています。こうしたナッツ類と甘味によっ

て作られるヌガー状のお菓子は、中央アジアや中国の奥地あたりに起源を持つといわれ、古代ギリシャ及び古代ローマ時代にはすでに作られていたといいます。フランスのヌガーは大きく2種類あり、フランスに北方経路で入ってきたものはヌガー・デュール（nougat dur）と呼ばれる茶色くて硬いヌガーで、南仏ランドック地方のモンテリマールを経て北上したものはヌガー・モンテリマール（nougat Montélimar）という白くてやわらかいヌガーです。

№ 078 | バヴァロワ
bavarois

年代	19世紀
発祥	ドイツ
別名	独／*Bayerische Crème*（バイエリッシュ・クレーム）

特徴
生クリーム、卵黄、砂糖などを混ぜてゼラチンで冷やし固めたデザート。

昔は砂糖たっぷりのプルプル冷製デザート

軽く泡立てた生クリームと卵黄、砂糖を混ぜて、ゼラチンで固めた冷製デザート。冷やして固まった状態がチーズのようだとして、古くはフロマージュ・バヴァロワ（fromage bavarois）と呼ばれていました。起源は、名前の由来でもあるドイツのバイエルン（英語ではバヴァリア＝Bavaria）地方にあるといいます。一説では、バイエルンの大貴族の家で腕を振るっていたフランス人の料理人によってこのお菓子が作られ、命名されたものといわれています。昔は今と違った製法で、ゼラチ

ンで生地を固めていましたが、卵黄は使っていませんでした。また天才製菓人といわれたアントナン・カレームの時代に作られたものは現在のおよそ2倍の砂糖とゼラチンが混入されており、当時貴重品であった砂糖をふんだんに使っていた贅沢品であったことがわかります。現在は、夏に常温でおいておくと溶けてくるくらいのやわらかさ、つまり水分量全体の2〜3％ほどのゼラチンの量がちょうどよいとされていますが、当時はかなり固めのプリンプリンの状態が好まれていたようです。

№ 079 ┃ バガテール
bagatelle

年代	17世紀以降
発祥	フランス
別名	仏／*fraisier*（フレージエ） 仏／*Nina*（ニーナ）

特徴
洋酒のシロップ入りのバタークリームとイチゴをスポンジケーキで挟み、マジパンを表面にのせたケーキ。

❉ 女性の名前で呼ばれるキュートなイチゴのケーキ

イチゴを使った明るい色合いのデザート菓子。フランス版のショートケーキともいえるお菓子です。日本のショートケーキは泡立てた生クリームを使いますが、こちらはキルシュ（洋酒）をたっぷり使ったバタークリームで作ります。まずスポンジケーキにキルシュ入りのシロップを刷毛で塗り、そこにキルシュを加えたバタークリームとイチゴを挟みます。上面には緑色に着色したマジパンを薄くのばしてのせ、並べたイチゴがきれいに見えるよう、側面をスパッとカットします（あらかじめ

カットしたイチゴを並べる場合もあります）。そしてケーキ上面の中央にマジパンや飴細工で作ったバラをのせて出来上がり。バガテールはフランス語で「恋愛」や「情事」という意味で、なるほどいかにもフランス人の好みそうな艶っぽい命名です。また、フランス語で「イチゴの苗」を意味するフレージエ（fraisier）と呼ばれたり、ニーナ（Nina）という女性の名前で呼ばれることもあります。春先のイチゴの旬の時期に菓子店の店頭を飾る華やかなお菓子です。

№ 080 | ババ
baba

年代	19世紀初頭
発祥	フランス
別名	仏／*baba bouchon*（ババ・ブション） 仏／*baba au rhum*（ババ・オ・ロム）

特徴
レーズン入りの発酵生地をワインのコルクの形に焼き上げたお菓子。

※ 王付きの料理人が考えた新しいクグロフの食べ方

イーストの働きを利用して作るレーズン入りの発酵菓子。形がワインなどのコルクの栓（フランス語でブション＝bouchon）に似ていることから、ババ・ブションとも呼ばれます。また、作るときにラム酒がよく使われるところから、ババ・オ・ロムとも。これが考案されたのは18世紀で、ポーランド王のスタニスラフ・レシチニスキー付きの料理長シュヴリオによるといわれています。彼はフランスのランベールという町で作られていたクグロフ（→ p.95）の新しい食べ方として、ラムを上から振りかけてフランベ（火をつけて炎を上げさせる）する方法を思いつきました。これに王はとても喜び、愛読書である『千夜一夜物語』に出てくるアリ・ババの名前を取ってこのお菓子に命名しました。そして19世紀初頭、ストレールという製菓人がその作り方を知ってこれに改良を加えます。彼はこのお菓子を売る時に塗っていたシロップをやめ、あらかじめそれに浸しておく方法を取ったのです。その後、アリ・ババは略して短くババと呼ばれるようになり、今に至っています。

№081 | パリ・ブレスト
Paris-Brest

年代	1891年
発祥	フランス
別名	―

特徴
自転車の車輪に見立てて輪の形に焼き上げた
シューにコーヒー味のクリームを挟んだお菓子。

自転車レースを記念した車輪形のシュー菓子

丸い輪の形に絞って焼いたフランスの
シュー菓子。日本ではリングシューと呼ば
れています。フランスはサッカーと並んで
自転車競技が盛んで、1891年にパリ市と
ブレスト市（ブルターニュ地方の都市）を
結ぶ自転車レースが行われたときにこの
お菓子が作られたといいます。コース沿
いのロングイユ通りにあるメゾン・ラフィッ
トという菓子店のパティシエ、ルイ・デュラ
ンが自転車レースの開催を記念して、自
転車の車輪の形のシュー菓子を作り、パ
リ・ブレストと名付けました。数人で分け

て食べられる大型のものと、小型のもの
があります。作り方は、ややかためのシュー
生地を丸い形に絞り、さらにその上にも
う一度丸い形を絞って薄切りのアーモン
ドをのせ、焼き上げます。これを水平に
半分に切り、コーヒーとプラリネマッセ
（ナッツのキャラメルがけのペースト）で
味付けしたカスタードクリームを挟み、
粉糖をかけて完成です。日本でも菓子
店やパン屋などでよく見かけるようになり、
フルーツをのせたり、クリームの味を変
更したりしたものも楽しまれています。

パルミエ
palmier

年代	17世紀以降
発祥	フランス
別名	仏／*oreille de cochon*（オレイユ・ド・コション） 独／*Schweineohren*（シュヴァイネオーレン）

特徴
パイ生地を何度も折り重ね、ハート形に切って焼き上げたお菓子。

 ## ハートの形は豚の耳？

パイ生地で作る焼き菓子。生地を何回も折り重ね、ハート形に切って焼き上げます。パルミエとはフランス語で「ヤシ」または「しゅろの木」の意味で、お菓子の形がその葉に似ているとしてこの名が付けられたとされていますが、実際にヤシの葉はこの形をしていません。つまり、なぜこの名前で呼ばれているのかよくわからない、なんだか不思議なお菓子です。別名として、形が豚の耳に似ているとして、それを意味するフランス語のオレイユ・ド・コションとも呼ばれています。これはヤシの木の葉よりはわかりやすいたとえで、言われてみればそんな形に見えなくもありません。ちなみにドイツでも同じ意味のドイツ語シュヴァイネオーレンと呼ばれています。古くよりパリの名物菓子のひとつとされてきたお菓子で、作るときに何回も折るので少々手間がかかりますが、その分だけパイ生地の特性が活かされ、独特の歯ざわりが楽しめます。日本では1965年に三立製菓の開発担当者がヨーロッパを視察したときにこのお菓子に出会い、「源氏パイ」の名前で発売しました。

№ 083 | パン・デピス
pain d'épice

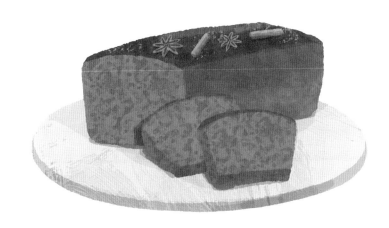

年代	10世紀
発祥	中国
別名	―

特徴

アニス、シナモン、クローヴなどのスパイスをたっぷり入れた蜂蜜入りの焼き菓子。

 ## 10世紀から伝わるスパイスたっぷりのケーキ

フランスで古くから親しまれているお菓子で、小麦粉、蜂蜜の他にアニス、シナモン、オレンジ、クローヴなどのスパイスを混ぜて作ります。パウンドケーキのようにソフトに焼き上げるタイプと、平たくクッキー状に焼くタイプがあります。パン・デピスはフランス語で「スパイスを使ったパン」の意味ですが、この場合のパンとはお菓子のことを指します。その起源は10世紀頃、中国で軍隊の保存食として作られていたミ・コンというパンのようなお菓子に端を発しているとされています。それがモンゴルを経て中東に伝わり、十字軍を通じてヨーロッパに伝わり、中世フランドルのマルグリット姫がブルゴーニュ公国のフィリップ二世に嫁いだときにフランスへ渡ってきました。また、フィリップ二世が遠征先のフランドル地方から持ち帰ったという説もあるようです。ちなみに、クッキータイプはスペキュラース（→ p.60）などのジンジャー・ブレッドと呼ばれるものと同種で、世界各地で同様のものが作られています。スパイス類が貴重だった時代、このお菓子は相当な贅沢品であったに違いありません。

パン・ド・ジェーヌ
pain de Gênes

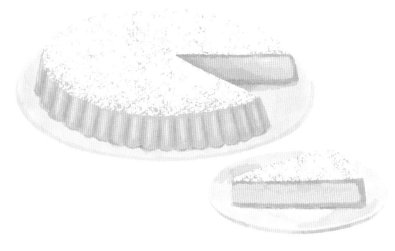

年代	1885年
発祥	フランス
別名	―

特徴
粉末アーモンドを多量に
含むスポンジケーキ。

 ## 神々の食べ物にたとえられたアーモンドたっぷりのケーキ

底の浅い菊型で焼き上げる粉末アーモンドをふんだんに使ったスポンジケーキの一種。ジェーヌとはイタリア北西部の都市・ジェノヴァのことで、お菓子の名前は「ジェノヴァのパン」という意味です。これには次のような話が伝えられています。1855年、パリのサン・トノーレ通りにある菓子職人シブーストの店で働いていたパティシエのフォーヴェルがアーモンドの香りを活かしたお菓子を考案し、ガトー・アンブロワジーと名付けました。アンブロワジーとは、古代ギリシャのオリン

ポスの神々の食べ物アンブロシアのことで、これを口にすると不死身になるという言い伝えがあります。1885年、フォーヴェルはこれを持ってフラスカティの店に移りますが、そのときにお菓子の名前を改名しました。これは、1800年にジェノヴァが敵に囲まれ窮地に陥ったとき、備蓄してあったアーモンドと米で持ちこたえたというエピソードになぞらえて、このときの指揮官だったマセナ元帥に敬意を込め、このお菓子にパン・ド・ジェーヌの名を与えたといいます。

№ 085 ｜ ピュイ・ダムール
puits d'amour

年代	18世紀後半頃
発祥	フランス
別名	―

特徴
パイ生地を器状に焼き上げ、中にカスタードク
リームを詰めて表面をキャラメリゼしたお菓子。

 甘いクリームが湧いた「愛の井戸」

パイ生地にカスタードクリームを詰めた
フランス菓子。ピュイ・ダムールを直訳す
ると「愛の井戸」という意味です。パイ生
地でブシェと呼ばれる器を作り、中にカ
スタードクリームを詰め、上面にグラニュー
糖をまぶして熱したコテで焼き上げます。
これにより、表面が溶けてキャラメル化
して輝き、まるで水が湧き出る井戸の水
面のようになります。ところで中世には、
ダリオールというお菓子が好まれていま
した。これは食べられる器とクリームで
できた食べ物で、これが後のピュイ・ダムー

ルにつながっていったといわれています。
ブシェという器が作られたのは、ルイ
十五世妃のマリー・レシチニスキーによる
ことから、このお菓子が作られた年代も
18世紀後半頃と思われます。ピュイ・ダ
ムールと名付けられたのは、18世紀、パ
リのグランド・トリュアンドリー通りにあっ
た、人々が小銭を投げ込んでいた井戸の
名前にちなむといわれています。またそれ
と別に、1843年にオペラ・コミック座で上
演された歌劇「ピュイ・ダムール」にちなん
で付けられたとの説もあります。

№086 | ファー・ブルトン
far breton

年代	不詳
発祥	フランス
別名	―

特徴
小麦粉、牛乳、砂糖、生クリーム、卵などの
生地にフルーツを入れて焼き上げるお菓子。

牛乳のおかゆから変化してできたお菓子

フランスのブルターニュ地方でよく作られているお菓子。ファーはフランス語で「おかゆ」のことなので、ファー・ブルトンは「ブルトン人のおかゆ」を意味します。この地域独特の文化を持って暮らしているブルトン人が考案したお菓子のひとつで、その名が示す通り、そもそもは小麦粉を牛乳で煮込んだおかゆだったものが、やがてそこに生クリームや卵を加えるようになり、さらにプラムやレーズンなどのフルーツも追加されて、現在の形が完成されていったようです。ファー・ブルトンに入れるフルーツは、ほかにもリンゴやベリー系のフルーツなど、地域によって異なったものが使われています。1998年に日本でブルターニュ地方のお菓子としてクイニーアマン（→p.94）が流行りましたが、それと抱き合わせのような形で日本に上陸しました。弾力のあるもっちりとした独特の食感が目新しいとして、日本でもたちまち広まっていきました。ちょっと変わった味わいですが、それがまたくせになる、ブルターニュらしい特徴をもったお菓子といえるでしょう。

№ 087 | フィナンシエ
financier

年代	1890年以前
発祥	フランス
別名	―

特徴
バターを焦がして香りを出した
アーモンド風味の焼き菓子。

フランスの金融家にちなんだ名前

フランスで長く親しまれている半生菓子のひとつ。フィナンシエはフランス語で「財政家」や「資本家」を指し、お菓子の形はその名前のイメージと合う金の延べ棒になぞらえてか、台形の長方形に作られることが多いですが、正方形など別の形に作られることもあります。これについては、パティシエであり料理の歴史学者でもあったピエール・ラカンが1890年に刊行した『フランス菓子覚え書き』に、こんなことが書かれています。フィナンシエはパリのサン・ドゥニ通りの証券取引所の近くで店を営んでいた製菓人のラヌ（Lasnes）が考案したもので、証券取引所の金融家、つまりフィナンシエたちが手を汚さずに食べられるように工夫されて作られたものということです。焦がしバターの香りとアーモンドの風味を特徴としたお菓子で、今や広くフランス人に好まれるものとなっています。ちなみにこのお菓子やマドレーヌ、フルーツケーキといった日持ちのするお菓子は、ガトー・ド・ヴォワイヤージ（→p.183）、つまり旅行用のお菓子としても親しまれています。

№ 088 | プティ・フール
petit four

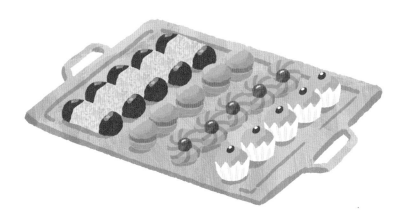

年代	1533年以前
発祥	フランス
別名	―

特徴
マカロン、クッキーなどさまざまな一口サイズのお菓子。

胸が躍る色とりどりの「小さな焼き菓子」

小さいサイズのさまざまなお菓子。フランス語でプティは「小さい」、フールは「オーブン」のことです。つまり、オーブンで焼いた小さなものの意味ですが、現在は焼かずに作るものまで含めた小さな一口菓子を指します。もともとは、パーティーなどでご婦人が口元を汚さずに食べられるようにと考案されたものといわれています。また、おいしいものを少しずつたくさん食べたいという欲求を満たしたお菓子でもあります。1533年、イタリアのメディチ家のカトリーヌ姫が、後のフランス王

アンリ二世となるオルレアン公に嫁ぐとき、一緒にパリに連れてきたフィレンツェの菓子職人たちにより、多くのプティ・フールの技術がフランスにもたらされました。ビスキュイ・ア・ラ・キュイエール（フィンガービスケット）などともそのひとつであり、その後、マカロン（→ p.134）、ムラングをアレンジしたロシェ、マジパン菓子、焼いたシュー菓子などが加わります。そして1823年にはフォンダン（→ p.30）が創作され、プティ・フールの艶出し等に変化がつき、種類もますます増えていきました。

124

№089 | プラリーヌ
praline

			特徴
年代	17世紀		アーモンドに糖液をまとわせ
発祥	フランス		て歯ごたえをよくしたお菓子。
別名	―		

✿ 貴婦人たちの心をつかんだカリカリのアーモンド

アーモンドに煮詰めた糖液を絡ませて作った糖菓。その呼び名については次のようなエピソードがあります。ルイ十三世から十四世に移る時代、元帥のショワズール・プララン侯爵（1598～1674）は、戦場のほかにもある武勇伝で名を馳せることになりました。あるときの宴で、彼の司厨長のクレマン・ジュリュゾが作った糖菓が、同席をした貴婦人たちを魅了したのです。貴婦人たちはそのお菓子の名を尋ねましたが、プララン侯爵はまだその名を考えておらず、「それは皆さんにお任せしよう」と言うと、列席者の中から「プ

ラリーヌ！」という声が上がりました。プラリーヌとは侯爵を意味するプラランの女性形です。その後この司厨長はプラリーヌの店、メゾン・ド・プラリーヌを開き、後に宮廷御用達の菓子店となったということです。当時のプラリーヌはアーモンドに色々な色や香りをつけて砂糖をかけたものでした。後に砂糖をキャラメル化させてアーモンドに絡め、細かく挽いたものをプラリネと呼び、それをすりつぶしてペーストにしたものも同じ名前で呼ぶようになりました。

№ 090 ブラン・マンジェ
blanc-manger

年代	14世紀
発祥	フランス
別名	独／*Mandelsulz*（マンデルズルツ）

特徴
アーモンドミルクをゼラチンで冷やし固めたデザート菓子。

 ## フランスで古い歴史のある白い冷製デザート

アーモンドミルクを使って作る白いゼリー状の冷たいデザート。ブラン・マンジェはフランス語で「白い食べ物」という意味で、見たままの姿を表現した命名です。当初は肉を入れた料理の一種だったようですが、中世後半から肉を入れなくなり、現在のようにアーモンドを挽いて絞り出した液を使ったお菓子に変化していきました。14世紀のヴェルツブルクの手書きによる羊皮紙の文書にもblamenserの文字が見られ、その頃にはかなりポピュラーであったことが窺われます。これを世に広めたのは天才製菓人のアントナン・カ

レームですが、それ以前にすでに世に認められていたようです。フランスの美食家のグリモ・ド・ラ・レイニエールによると、このお菓子の起源はランドック地方にあり、そこのモンペリエという町の素朴な料理人たちがすばらしいブラン・マンジェを作っていたといっています。作られた当初はアーモンドミルクを作るのも一苦労といった時代でたいへん手間のかかるお菓子でしたが、現在はおおむねアーモンド比率の高いマジパンを利用して作られています。

№ 091 | ブリオッシュ
brioche

年代	17世紀
発祥	フランス
別名	仏／brioche à tête（ブリオッシュ・ア・テート）

特徴

バターを多く含む発酵生地をひょうたんのような形に焼き上げるパン菓子。

ポコッと飛び出した形のパン菓子

イーストの発酵を利用して作るパン菓子。製法はパンに近いですが、卵やバターの含有量が多いため、お菓子の分野にも入ることがあり、昔からパン屋でも菓子店でも作られています。その名前の由来やルーツをたどると、17世紀に誕生したようで、初めの頃はバターではなく「ブリー」というチーズの一種を使っていたとみられています。また、ブリオッシュの形が古代ペルシャで親しまれていたオッチという大粒のイチジクの形に似ているところから転じて「オシュ」と呼ばれ、その

二つが合わさってブリオッシュとなったといわれています。またそれとは別の説もいくつかあり、ひとつはパリの有名なポン・ヌフという橋の上で美味しいパンを売っていた人がいて、彼の名がジャン・ブリオッシュだったからという説。もうひとつは、サン・ブリウという町に住む人たちが「ブリオシアン」と呼ばれており、そこにいた製菓人たちがこのお菓子に関係があったからという説です。いずれにせよ、マリー・アントワネットの時代にはすでに親しまれていたお菓子です（→p.165）。

№ 092 | フロランタン
florentin

年代	不詳
発祥	イタリア
別名	—

特徴
蜂蜜と薄切りアーモンドをサブレ
やチョコレートにのせたお菓子。

 ## フィレンツェからフランスへ渡ったアーモンドの焼き菓子

イタリアを発祥とするアーモンド風味の乾き焼き菓子。フロランタンとはフランス語でイタリアの都市「フィレンツェの」という意味です。フィレンツェの名家メディチ家の息女カトリーヌ姫が後のフランス王アンリ二世となるオルレアン公に嫁ぐときに、フランスに伝わったといわれています。このスイーツには2種類の作り方があり、ひとつはサブレ生地で作るフロランタン・オ・サブレ（florentin au sablé）で、型抜きまたは角切りしたサブレ生地の上に、蜂蜜や薄切りアーモンドなどを混ぜたフロランタンの生地を塗って焼き上げるものです。もうひとつはフロランタンの生地だけを薄く焼き、冷ました後に裏側にチョコレートを塗るフロランタン・オ・ショコラ（florentin au chocolat）です。ちなみに、カトリーヌが嫁いだとき、このお菓子だけではなく、シャーベットやマカロン（→p.134）、プティ・フール（→p.124）、ビスキュイ・ア・ラ・キュイエールなど、多彩で文化的にも進んだお菓子がフランスに渡り、ルネッサンスに花を添えました。

№ 093 | ピーチ・メルバ
peach Melba

年代	1892年	
発祥	フランス	
別名	仏／*pêche Melba*（ペーシュ・メルバ）	

特徴

桃のシロップ煮とヴァニラアイスクリームを合わせ、ベリーソースをかけたお菓子。

歌姫の名前を広く知らしめた珠玉のスイーツ

アイスクリームにシロップ煮の桃をあしらった冷製デザート。日本では英語のピーチ・メルバの名で知られていますが、フランス語ではペーシュ・メルバといいます。ヴァニラ・アイスクリームに半割りにした桃のコンポート（砂糖漬け）をのせ、上からフランボワーズやラズベリーのピュレをかけて供します。19世紀に活躍したオペラ歌手にネリー・メルバという人がいて、彼女にちなんで名付けられたとされています。このお菓子を作ったのはロンドンのサヴォイ・ホテルでシェフをしていた料理界の巨匠エスコフィエで、1892年に彼女のため

にこのお菓子を手掛けたといわれています。こうして生まれた甘いヴァニラアイスと甘酸っぱいピーチの味わいが口いっぱいに広がる人気のスイーツですが、現在ではあって当たり前のものでも、最初に思いつくというのは大変なことなのです。この珠玉のデザートによって、ネリー・メルバの名も、また、製作者のオーギュスト・エスコフィエの名もまた、広く知れ渡っていったのです。今や食の世界で彼の名を知らない人はいません。そしてこれからも。

№ 094 | ベラヴェッカ
berawecka

年代	不詳	
発祥	フランス	
別名	―	

特徴
ドライフルーツやナッツを多用したスパイスたっぷりの発酵菓子。

特別おいしいものを詰め込んでクリスマスを祝う

フランスのアルザス地方に伝わる焼き菓子で、特にクリスマスのときに楽しまれるものです。スパイスを効かせた発酵生地に、レーズンやチェリー、オレンジピール、レモンピール、セミドライイチジクなど思い思いのフルーツや、アーモンド、ピスタチオ、クルミといったたくさんのナッツ類を貼り付けて焼き上げます。アルザスはドイツにも接していて、その影響も大いに受けているため、このお菓子もどちらかというと、フランスというよりもゲルマン系の趣きが感じられます。発祥の詳しい年代はわかっていませんが、多くの原材料が手に入るようになった大航海時代以降のお菓子のようで、中に入っているさまざまなフルーツやナッツ類から察するに、思いっきり贅沢なものを楽しもうとしたことがわかります。現代のヨーロッパは豊かな生活を送っていますが、それも最近のことで、かつてはかなり厳しい生活を余儀なくされていました。その貧しいときに、それでも自分たちが信じるキリストの生誕を祝う日には、特別に美味しいものを食べてあたたかい気持ちになろうとして作られたのが、このお菓子だったのではないでしょうか。

№095 ベル・エレーヌ
belle-Hélène

年代	1865年頃
発祥	フランス
別名	―

特徴
ヴァニラアイスクリームに洋梨のシロップ煮を添え、チョコレートソースをかけたお菓子。

ギリシャ神話の美女の名を冠したデザート

フランスのデザート菓子。フランス語でベルは「美しい」を意味し、エレーヌはギリシャ神話に出てくるヘレネという女性のことです。絶世の美女だったというヘレネは、スパルタ王メネラウスの妻でしたが、トロイの王子パリスに奪われ、それによってトロイ戦争が起こったといわれています。その話を基にして、ジャック・オッヘンバッハが1864年に全3幕の「美しきエレーヌ」というオペレッタを作曲したことも知られています。そんな彼女の名を冠したこのお菓子が作られたのは1865年頃のことだといわれています。通常よく作られるのは、ヴァニラアイスクリームの上に洋梨のコンポート（シロップ煮）をのせ、熱いチョコレートソースをかけて刻んだ薄切りアーモンドをまぶしたものです。そうした熱いチョコレートソースと氷菓の冷たさのコントラストを特徴としたお菓子ですが、近年はあえて冷やした状態で提供する場合も少なくないようです。でも本来は「熱い、熱い、冷たい、冷たい」と言いながら楽しむデザートなのです。

No 096 | ポロネーズ
polonaise

年代	不詳
発祥	フランス
別名	－

特徴
ブリオッシュにドライフルーツやカスタードクリームを詰め、ムラングを塗って焼いたお菓子。

売れ残りのブリオッシュをおいしくリメイク

ブリオッシュ（→p.127）をアレンジして作るフランス菓子。ポロネーズはフランス語で「ポーランド人」という意味です。このお菓子の作り方は、ブリオッシュの中で最もポピュラーとされている、だるまのような形のブリオッシュ・ア・テート（brioche à tête）を熱いシロップに漬けてから、頭の部分を切りはずし、その中身を少しくりぬきます。くりぬいた穴にチェリーやアンゼリカ（セイヨウトウキ）などの砂糖漬けを混ぜたカスタードクリームを詰めます。そして頭の部分をかぶせ、上からムラングを塗り、薄切りのアーモンドを振りかけてオーブンに入れ、軽く焼き色を付けたら完成です。菓子店では、並べた商品のすべてがその日に完売するとは限りません。そんなときにこうしたお菓子がよく作られます。つまり、このお菓子は前日のブリオッシュの売れ残りを利用して作られる、いわばリサイクルの商品です。それにしても、なぜこのお菓子の名前がポーランド人なのか、フランス人のパティシエにも聞きましたが、明確な答えは返ってきませんでした。

№ 097 | ボンボン・オ・ショコラ
bonbon au chocolat

年代	19世紀
発祥	フランス
別名	英／*chocolate bonbon*（チョコレート・ボンボン） 独／*Praline*（プラリネ）

特徴
さまざまな素材をチョコレートの
センター（中心に詰めるもの）に
した一口チョコレート菓子。

 ## 甘くてきれいな「セピアの宝石」

一口サイズに作られたチョコレート菓子
のこと。フランスやベルギー、スイスの
一部等のフランス語圏ではボンボン・オ・
ショコラ、英語圏ではチョコレート・ボン
ボン、ドイツ語圏ではプラリネと呼んでい
ます。ボンボンとはフランス語で「良い」
という意味のボンの重ね語です。一方の
プラリネはアーモンドと砂糖を焦がして
練った香ばしいペーストのことですが、チョ
コレートのセンター（中心に詰めるもの）
の代表格でもあるため、ドイツでは一口
チョコレートの総称を指す言葉にもなり

ました。ボンボン・オ・ショコラは、さまざ
まな味わいの素材をチョコレートで包ん
だもので、形も美しく、味わいも豊かなこ
とから、「セピアの宝石」とも称されてい
ます。センターにはガナッシュ（チョコレー
トクリーム）やプラリネ、ジャンドゥヤ（焦
がしたアーモンドと砂糖のペースト）、マ
ジパン、メガー、フォンダン、キャラメル、
ナッツ、リキュールなどを単独あるいは組
み合わせて用いられます。包むチョコレー
トの種類や形、飾り方もさまざまで、並べ
ると本当に宝石のように美しいお菓子です。

マカロン
macaron

年代	19世紀	**発祥**	イタリア
別名	英／*macaroon*（マカルーン） 独／*Makrone*（マクローネ）		

特徴

ムラングとアーモンドなどを混ぜ、丸い形に焼いたお菓子。

イタリアからきてフランス各地で銘菓に

フランスの小型の乾き焼き菓子。プティ・フール（→p.124）の一種でもあります。一般的には卵白と砂糖、ナッツを混ぜ、小さく丸い形に絞って焼いたものを指します。卵白の代わりに卵黄あるいは全卵で作るものもあり、またナッツはアーモンドがよく使われますが、ヘーゼルナッツやクルミ、ココナッツなどもよく使われます。発祥はイタリアといわれており、原型は蜂蜜とアーモンドと卵白だったようです。語源はイタリアの方言maccaroneからきており、17世紀頃に甘味菓子として親しまれていたこのお菓子をそう呼ぶようになったといいます。メディチ家のカトリーヌ姫が後のアンリ二世となるオルレアン公に嫁いだ際に伴った料理人によってフランスにもたらされ、その後フランスの各地に広がり、それぞれの地で銘菓として発展していきます。また、修道院で作られることも多く、スール・マカロン（シスターのマカロン）とも呼ばれ親しまれました。たとえば大修道院コルメリのものやムランの聖母訪問会修道院のもの、ナンシーの修道院のものなどが知られています。

№099 | マドレーヌ
madeleine

年代	不詳
発祥	フランス
別名	―

特徴
バターを多く含む生地を貝殻
の形に焼き上げたお菓子。

コメルシーで受け継がれる貝殻形の焼き菓子

貝殻形に焼いたバターケーキの一種。貝殻の形の型は、スペインのサンチャゴ・デ・コンポステーラの大聖堂への巡礼者がホタテ貝を携えることに由来するといいます。一説では、このお菓子はアヴィスという製菓人が政治家のタレイランの館で働いていたときに、カトル・カール（パウンドケーキ → p.34）用の生地を使い、ゼリーの型で小さなお菓子を作ったところ一躍評判になり、製菓人のアントナン・カレームなどから称賛され、その可愛らしいお菓子にマドレーヌと名付けたとされています。別の説では、これより前にフランスで作られていたものの、製法は長い間秘密にされており、ある時そのレシピをムーズ県のコメルシーという町の菓子店が非常に高い値で買い、それを名物にしたという話もあります。さらに別の書では、これを作ったのは、コメルシーで料理人をしていたマドレーヌ・ポールミァという人で、彼はこれをドゥブージ・ブレイ家に伝え、同家がこの売り出しに専念するようになったという話も伝えられています。どの説もコメルシーに関連していて、現在も同地ではマドレーヌが銘菓になっています。

マロン・グラッセ
marron glacé

年代	19世紀	**特徴**	
発祥	フランス	栗の実をシロップで煮て、砂糖を染み込ませたお菓子。	
別名	―		

秋の味覚・栗を使った珠玉の宝石

シロップ煮にした栗を糖衣したフランスのお菓子。フランスでマロンと呼ばれているマロニエの実は、食用には適さない有害性があり、実際、食用にはシャテーニュ（châtaigne）という栗の実を用いて作ります。この二つ、見た目や形はそっくりですが、まったくの別物なのです。ただ、かつての貧しい人々は飢えを凌ぐべく、そんなものでも口にせざるを得なかったといいます。お菓子の神様といわれたアントナン・カレームは、シャテーニュの実を壊さないように、徐々に糖度を上げな

がら繊細に煮込んで作りました。こうして「珠玉の宝石」とまで称される糖菓を作り上げ、あえてマロンの名を用いてマロン・グラッセと名付けたのです。このお菓子の名前は、彼の著書『ル・パティシエ・ロワイヤル・パリジアン（パリの王室製菓人）』（1815年刊）の第二巻に初めて掲載されました。マロン・グラッセが店頭に並ぶのはほぼ11月頃で、新栗がとれてからということになります。これは栗の名産地といわれるイタリアでも同じです。

№ 101 | ミルフイユ
mille-feuille

年代	1807年以前	
発祥	フランス	
別名	―	

特徴
パイ生地にカスタードクリームを挟み、
表面にフォンダンをかけたお菓子。

1000枚もの葉を重ねたようなパイ菓子

焼いたパイ生地にカスタードクリームを挟み、数段重ねて表面に粉糖やフォンダン（→p.30）をかけたお菓子。フランス語でミルは「1000」、フイユは「葉」を意味し、「1000枚の葉」という意味です。パイ生地は、焼くとバターと小麦粉が層状になり、木の葉が重なったような状態に見えるところから、このような名前が付けられました。このお菓子はフランスの製菓人ルージュの得意とするものだったと伝えられていて、また美食家のグリモ・ド・ラ・レイニエール（1758～1838）はこのお菓子を「天才によって作られ、最も器用な手によって捏ねられたものに違いない」と言っています。そして1807年1月13日、彼の編集する『Almanach des gourmands（食通年間）』の食味鑑定委員会によってミルフイユが鑑定にかけられ、「これを例えるなら、幾重にも重ねられた葉のようだ」という評定がつきました。その後ミルフイユはパリで人気のお菓子となり、現在ではさまざまなネーミングでアレンジされたものが作られています。

№102 | ムース
mousse

年代	19世紀
発祥	フランス
別名	―

特徴
泡立てたムランクや生クリーム
を使った口当たりの軽いお菓子。

「泡」のように消える軽い口当たりが特徴

フランス語でムースは「苔」という意味と「泡」という意味がありますが、お菓子の場合は後者が由来となります。多くの気泡を持つムランクや泡立てた生クリームを主体として、種々の味付けをし、あくまでもソフトに、まさに苔のようにやわらかく泡のように軽いお菓子に仕立てます。飽食の現代、より軽く口当たりがよく、胃に負担をかけないものが求められていますが、ムースはこれらの条件を満たし、ヌーヴェル・パティスリー（新しい流れのお菓子）と呼ばれる一群のお菓子類の主役を担うまでになっていきました。ムー

スと似たバヴァロワ（→p.114）との違いは、バヴァロワが軽く泡立てた生クリームをベースに、水分全体量の3％ほどのゼラチンで固めているのに対し、ムースは主にムランクの気泡を中心とし、泡立てた生クリームなどの併用で作ります。そして基本的にゼラチンは使わずに、気泡で生地をやわらかく支えて保たせています。ただし、容器から出して提供する場合には、最低限度内、水分全体量の1.5％ほどのゼラチンを混入して固めています。

№ 103 | モンブラン
mont-blanc

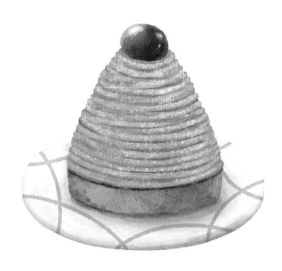

年代	1911年以前
発祥	フランス
別名	―

特徴
マロンクリームを細い口金で山の
ように絞り、粉糖をかけたお菓子。

 ## マロン・グラッセから生まれた山のようなお菓子

クリーム状にした栗を細く山盛りに絞っ
て作ったスイーツ。これを作るには栗の
ペーストが必要とされます。このお菓子よ
り前にマロン・グラッセ（→p.136）が作
られていましたが、それを作るときに結
構な量の栗煮の破損品が出ます。これ
やそのまま捨てるのももったいないと、さ
らに崩してペーストにしました。そして、
これを使って何かできないかと考えた末、
ペーストをスパゲッティ状に絞り出し、ドー
ム状に盛り付けてみました。それを見て
いると、何となく山のようだということに気

がつき、ならばと上面に泡立てた生クリー
ムを絞ったり、ムラングをのせたり、ある
いは粉糖を振りかけて雪のように見立て
てみました。「これはまるでモンブラン（フ
ランスとイタリアの国境にある山）だ」と
いうような流れでこのお菓子ができたの
ではないかと推測されます。つまり、初め
にマロン・グラッセありきで、モンブラン
はその二次使用品として作られたものと
いうことです。この名が初めてみられる
のは1911年で、その後はあちこちに広まっ
ていきました。

№ 104 | ラング・ド・シャ
langue de chat

年代	不詳
発祥	フランス
別名	独／*Katzenzungen* （カッツェンツンゲン）

特徴
やわらかい生地を薄く小判
形に絞って焼いたクッキー。

各国で「猫の舌」と呼ばれるクッキー

ラング・ド・シャはフランス語で「猫の舌」という意味の薄いクッキーで、やわらかい生地を丸口金で楕円形に絞って焼いたお菓子です。その薄い楕円の形と、焼いた表面のざらついた感触が、まるで猫の舌のようだとしてその名がつけられました。ちなみに、一口にクッキーと言っても種類はさまざまで、基本的にはのばし生地、絞り生地、アイスボックス（冷やし固めた生地を好みの形に切り分けて焼く）などがあります。そのほか、熱した油で揚げたり、水っぽく流れる生地を薄く焼

くものなどがありますが、ラング・ド・シャはその流動的な生地で作る部類に入ります。生地の端が非常に薄くなるため、焼き上がると縁の色が濃くなることが特徴です。2枚一組にしてチョコレートやクリームを挟んで楽しまれることもあります。このお菓子をドイツ語ではカッツェンツンゲンと言いますが、意味はやはり「猫の舌」で、フランス語の表現と一緒です。国は違えど発想は同じだったのか、あるいはフランス名をそのままドイツ語訳にしたものと思われます。

№ 105 | ワッフル
waffle

年代	不詳
発祥	ベルギー
別名	―

特徴
イーストを使った発酵生地を凸凹のある型で焼き上げるお菓子。

🎖 2タイプあるベルギーの代表的なお菓子

ベルギーで親しまれている焼き菓子。日本では1997年にベルギーワッフルの名前で流行しました。ベルギーでは大きく分けて2種類のタイプのものが作られています。首都ブリュッセルあたりでは、イーストを使ったゆるい生地で作り、外側はパリッとしていますが、中はフワッとした食感で、四角く焼いたものにバターや粉糖などさまざまなものを付けて楽しまれています。これはパリ辺りで冬に売られるゴーフル（→p.102）と似たものです。そしてもう一方のリエージュという都市で作

られている方は、同じくイーストを使った発酵生地ですが、中に大粒のザラメ糖を入れて重く硬い食感に焼き上げます。また、このリエージュタイプにも、やや硬めのクッキータイプと、間にクリームなどを挟むソフトなタイプがあります。ところでこのワッフルもゴーフルもウェファース（→p.32）も語源は同じ（「ハチの巣」を意味する語）で、伝わる国々で少しずつ異なったものに変化していきましたが、やはり根っこではどこか繋がりを感じるお菓子です。

パステル・デ・ナタ
pastel de Nata

年代	17世紀半ば以降
発祥	ポルトガル
別名	―

特徴
パイ生地にカスタードクリームを詰め、
シナモンシュガーをかけたお菓子。

 ## パイ生地の使い方が一味違うお菓子

ポルトガルの銘菓で、皿状にした小型の
フラン（→p.59）。パイ生地を敷いたタ
ルトレット（小型のタルト）型にカスター
ドクリームを詰めて焼き、シナモンシュガー
を振りかけて食べます。一見、これといっ
た特徴がないようにも見えますが、実は
パイ生地の使い方にポイントがあります。
薄くのばしたパイ生地を渦巻き状に巻い
て棒状にし、これをスライスしてパイ皿
に敷くのです。こうすると生地が縦目に
なり、火の通りがよくなって歯切れよい食
感に焼き上がります。カスタードクリーム
が文献に登場するようになるのは、17世
紀半ば頃で、同じ頃にパイ生地（フイユ
タージュ）が完成されています。時は大
航海時代、ポルトガルは海運国として最
先端にあり、国力が充実していたため、
これらの新しい情報は真っ先に伝わった
ことでしょう。それらの新しい素材と技
術が組み合わさって作られたこのお菓子
は、当時の人々にとっては驚きのテイスト
だったに違いありません。

№ 107 ｜ フィオシュ・デ・オヴォシュ
fios de ovos

年 代	不詳
発 祥	ポルトガル
別 名	西／*huevo hilado*（ウエボ・イラード）

特 徴
卵黄を熱したシロップに落として細いそば状にしたお菓子。

🍥 見覚えのある姿のお菓子はポルトガル生まれ

卵黄を使って作るそば状のお菓子。日本には南蛮菓子のひとつとして伝わり、鶏卵そうめんとか金糸たまごの名前で知られ、現在でも九州博多の名物となっています。作り方はシンプルで、少量の水で溶いた卵黄を熱したシロップの中に細く絞り落としていくだけです。熱で固まったらそれをすくい上げ、水気を切って一口大にまとめます。スペインではウエボ・イラードと呼ばれていて、彼らによって日本に伝えられ、ほぼそのまま定着したと考えられています。製法もかんたんなため、

手の加えようもなかったのでしょう。故郷のポルトガルでも現在に至るまで親しまれており、カップに入れたものや、春巻きのようにしたトロッシャス・デ・オヴォシュなどが楽しまれています。また、ケーキの上にのせて飾り付けられることもあるようです。ちなみにタイでも「金の糸」という意味のフォイトーンというものがありますが、これもおそらく南蛮の宣教師たちが日本に先駆けてタイに伝えたものと考えられます。

№ 108 | ボーロ
bolo

*イラストはボーロ・デ・ジェーマ。

年代	17世紀半ば以降
発祥	ポルトガル
別名	葡／*Bolo de gema*（ボーロ・デ・ジェーマ）

特徴

小麦粉、砂糖、卵、牛乳などを混ぜた生地を丸い形に焼いたお菓子。

 ## 実はお菓子全般を示す意味の名前

ボーロとはポルトガル語で「お菓子」の意味で、スイーツ全般の総称です。日本では主に丸く平たいクッキーのような丸ボーロや、小さい粒状の卵ボーロなどが親しまれていますが、本来ポルトガルではさまざまなお菓子にこの語が付されます。たとえば丸ボーロは「ボーロ・デ・ジェーマ（卵のお菓子）」です。また、エスピリット・サント祭（ポルトガルの宗教的な祭り）のときに作られる平たい焼き菓子は「ボーロ・デ・エスピリット・サント」などといいます。日本で知られているボーロは15世紀末にスペインのカスティーリャ地方で生まれたビスコッチョと呼ばれるスポンジケーキが隣国のポルトガルに伝えられ、そこから日本に伝わってきたものです（→ p.147）。ポルトガルではこれを、「カスティーリャのお菓子」として、カスティーリャ・ボーロなどと呼んでいたようです。それが日本に伝えられたときに、小さく落とし焼きのようにして焼いたものがボーロと呼ばれ、九州の銘菓となっている「丸ぼうろ」や、京都の「そばぼうろ」などのお菓子となり、各地に根付いていきました。

№ 109 オールド・ファッション・ストロベリー・ショート・ケイク
old fashion strawberry short cake

年代	不詳
発祥	アメリカ
別名	英／*strawberry short cake* （ストロベリー・ショート・ケイク）

特徴
厚焼きのクッキー生地に生クリームとイチゴをのせたお菓子。

ショートケーキのお手本になったイチゴのケーキ

厚めに焼いたクッキー生地に泡立てた生クリームとイチゴをあしらったケーキ。単にストロベリーショートケイクともいいます。厚めに焼いたクッキー生地を二枚に切り、その上に泡立てた生クリームをのせてイチゴをちりばめます。そしてもう一枚の生地をのせ、また生クリームとイチゴをあしらって完成です。実は、ショートケーキは日本発祥で、大正時代に不二家の創業者である藤井林右衛門氏がアメリカでこのお菓子に目をとめ、帰国後の大正11（1922）年に、日本人に合うよ

うにと考え、ビスケット生地をスポンジケーキに置き換えて作ったのがショートケーキの始まりとされています。遠心分離式の生クリーム製造機が日本に入ってきたのが大正12年または13年といわれているため、その前に同氏は自前で生クリームを作っていたことになりますから驚きです。その後はご存じのように、すっかり日本人の心を捉え、日本の銘菓へと仕立て上がっていきました。でも、そもそもはアメリカのちょっと硬めのお菓子がもとになっていたのです。

Column
いろいろなスポンジケーキ

デコレーションケーキの土台などに使われるスポンジケーキですが、もともとはどのように広まったのでしょうか。各国でのスポンジケーキの呼び名とその背景を解説します。

　フランス語のビスキュイ（biscuit）とジェノワーズ（génoise）、英語のスポンジケーキ（sponge cake）、日本のカステラは、その言葉の発祥や微妙なニュアンスの違いもありますが、いずれもスポンジ状のお菓子を表す言葉です。

　ビスキュイの語源はビスケット（→p.35）と同様で、「二度焼きしたもの」を意味する語で、ラスク状のものから発展してクッキーを表すようになり、さらにその材料のうち、卵と砂糖を混ぜて泡立てた結果、出来上がったスポンジ状のものを指す言葉となりました。ジェノワーズは、15世紀末頃、スポンジ状のフワッとした生地がスペインで作られ（カステラの説明で詳述）、それが地中海を渡ってイタリアのジェノヴァ経由でフランスに入ったか、ジェノヴァの菓子職人の手を経てフランスに入ったため、ジェノワーズと呼ばれるようになったものと見られます。スポンジケーキについては、由来や入り口がどうであれ、形状がスポンジ状なのでこのように呼ばれるようになったという、何事にもあまりこだわらないアメリカ的な呼称です。そしてカステラについては、南蛮菓子として金平糖や

有平糖などとともに日本に伝わってきました。15世紀末頃、イスパニア王国（現在のスペイン）のカスティーリャ地方において、同地の菓子職人がクッキー状のものを作ろうとしたときに、卵に砂糖を加えてかき混ぜていたところ、生地が泡立ってしまいました。そこへ小麦粉を入れて混ぜ、焼いてみたところ、フワッとした、これまでにない食感のお菓子が出来上がりました。これが、ビスコッチョ（bizcocho）と呼ばれ、はじめて作られたスポンジケーキとされています。そして隣国のポルトガルに伝わり、カスティーリャ地方のお菓子ということでカスティーリャ・ボーロと呼ばれました。ボーロは「お菓子」の意味です。そしてこれがポルトガル船によって、はるばる日本に伝えられ、日本ではこれをカステーラと呼んで今に至っているというわけです。この呼び方については次のような説もあります。この

お菓子が生まれた地であるカスティーリャからの命名ではなく、ポルトガル人がこれを作るときに卵を泡立てながら、空気を充分含ませるために言った言葉「バーテル・アス・クラーラス・エム・カステーロ」の最後の語が強く耳に残り、こう名付けられたのではないか、というのです。カステーロとは「城」、クラーラスは「起泡性に富んだ卵白」のことで、つまり「城のようにうず高く膨れ上がるまで攪拌せよ」という意味です。ちなみにスペインでは、これを今もなおビスコッチョと呼んでいますが、ポルトガルでは現在、パン・デ・ローと呼んでいます。パン・デ・ローは中心部分を生焼けの状態にして仕上げるのが特徴のお菓子です。ナイフを通すと、中心からとろりと生地が流れ出ます。ローは修道女や修道士たちが神を賛美する歌を指す、ロアという語からきているといわれています。

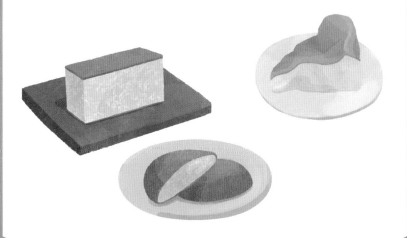

№ 110 | シフォンケーキ
chiffon cake

年代	1948年以前	**特徴**	ムラングを含む生地のフワフワした
発祥	アメリカ		軽い食感が特徴のスポンジケーキ。
別名	―		

 ## 驚くほど軽い食感の秘密はサラダ油にあり

アメリカ発の非常に軽い食感のスポンジケーキ。シフォンとは英語で「薄い絹織物」の意味で、その呼び名の通り、ソフトでなめらかな食感を特徴とした焼き菓子です。これは、アメリカ・カリフォルニア州のハリー・ベーカー（Harry Baker 1884〜1984）による考案といわれています。1948年にそのレシピが大手食品会社のゼネラル・ミルズに売却され、それを機に広く知られるようになりました。初めて食べたときにあっと驚くようなあの軽い食感はどうしたら得られるのでしょう。実は、究極の軽さは卵白の起泡性（ムラ

ング）によるもので、それをリッチな味に仕立てる油脂はバターではなく、サラダ油を使っていたのです。バターは焼いた後でも冷やせば固まりますが、サラダ油なら固まらずに、いつまでもなめらかな食感を与えてくれます。また焼いてもしばらくしぼまないフワフワとした食感は、型の内側の表面を横目の肌合いに工夫したことによるもので、型の中央に穴をあけ、生地を外側と内側の両方から支えていることからなのです。後から説明するのはかんたんですが、思いつくのは大変なことです。

№ 111 ドーナッツ
doughnut

年代	17世紀	
発祥	オランダ	
別名	―	

特徴
リング形の揚げ菓子に砂糖や
チョコレートなどをまぶしたもの。

 ## 穴あきの理由は船の舵に突き刺したから?

アメリカをはじめとして各国で親しまれている揚げ菓子。名前の由来を語源から探ると、「生地」の意味のドゥ (dough) とナッツ (nuts) の合成語と思われます。その起源はオランダにあるとされます。古くからオランダの家庭では、オリークックと呼ばれる中央にクルミをのせた丸い揚げ菓子を作り、バターやチーズとともに食べていたといいます。17世紀、イギリスからメイフラワー号に乗った清教徒たちがオランダに滞在したとき、このお菓子を食べ、製法を習得したと伝えられています。そして後に中央にクルミを置かなくなり、揚げムラをなくすため中央をくり

ぬいて揚げられるようになったようです。リング形についてはこんな話があります。1847年にニューイングランドの輸送船が航海中に嵐に遭遇し、ハンソン・クロケット・グレゴリー船長は、何とかこの危機を乗り切ろうと、思わず手にしていたドーナッツを舵輪の棒の先に突き刺して懸命に操縦しました。ドーナッツの中心を犠牲にした甲斐あってか、無事難を逃れることができたとか。以来そのことを記念してこのお菓子はあらかじめ中央に穴をあけて作られるようになったということです。

ハミングバード・ケイク
hummingbird cake

年代	19世紀	**特徴**	スパイスやナッツ、フルーツを入れた生
発祥	アメリカ		地を焼き上げ、クリームをかけたケーキ。
別名	―		

 ## 鳥たちがさえずるおいしさのケーキ

アメリカ南部で19世紀から親しまれているケーキ。名前を直訳すると「ハチドリのケーキ」になります。なんでもこのお菓子の名前の由来は、あまりのおいしさに鳥たちも思わずさえずる、というところから付けられたといいます。スポンジ生地にパイナップル、バナナ、ペカンナッツ（アメリカ原産のナッツの一種）などを入れ、生クリームやアイシングで仕上げるお菓子です。これは、1978年にノースカロライナ州のL.H.ウィギンスという人が、サ

ザリビングという雑誌に紹介したところ、それをきっかけに話題となり、一気に人気が広がっていったといいます。命名の面白さと、作り方がそれほど難しくなく、またアメリカの人たちの大好きなフルーツやナッツ類がふんだんに使われ、加えてほんのりとスパイスが香るところがそうした人気を呼ぶ要因になったものと思われます。アメリカという国は、何がきっかけでブレイクするかわからない、ちょっと面白いところがあります。

№ 113 ｜ パンケーキ
pancake

年代	19世紀
発祥	アメリカ
別名	―

特徴
小麦粉、卵、砂糖、牛乳などの生地を丸く平たい形に焼き上げるお菓子。

✵ フライパンで焼いたから「パン」ケーキ

世界各地で親しまれている薄焼きのケーキ。焼きあがったケーキに蜂蜜や生クリーム、ジャムなどを添えて食べるのが一般的です。パンケーキの「パン」はフライパンのことを指します。一説によると、西部開拓時代に新大陸アメリカに渡った人々が、オーブンを持っていなかったためフライパンを使ってケーキを焼いたことが始まりとされています。こういった手法は古代からみられ、古くは石の上でパンなどが焼かれていました。ちなみに、イギリ

スでは四旬節（→ p.172）の前に罪を告白して（懺悔の火曜日）パンケーキを食べるという習慣があるそうです。また、日本ではホットケーキという名前でも知られていますが、これはかつて三越の食堂でこのお菓子を出すとき、パンケーキと言うと「ブレッド」のことと間違えられるということで、焼き立てのホカホカの意味も含んでホットケーキと名付けたそうです。つまり、ホットケーキの正式名は、あくまでも「パンケーキ」ということです。

アメリカで人気の天使と悪魔のケーキ

アメリカには「エンジェル」と「デヴィル」の名を冠した対をなす2つのケーキがあります。それぞれ名前のイメージに合った見た目のケーキです。

エンジェルケイク　angel cake

　「天使のケーキ」の名をもつ、アメリカのスペシャリテのひとつです。白い色をした軽い食感のケーキです。このケーキの大きな特徴として、通常のケーキは一般的に全卵を使って作りますが、エンジェルケーキは、卵白のみを使用します。これによって、焼き上がったお菓子を切ったときの断面は白くなります。さらに、表面にもバタークリームや加糖して泡立てた生クリームを塗って白く仕上げます。「エンジェル」の名前のイメージにそって、真っ白に仕立てているというわけです。これと

対をなすお菓子としてデヴィルス・フード・ケイクという真っ黒なケーキがありますが、このあたりのネーミングセンスや演出が、何事によらず面白がるアメリカらしいところです。クリーミーな天使もおいしそうですが、薫り高い悪魔のささやきにも心惹かれます。ダイエットをしている人にとって、この2つのケーキを並べられたら辛い選択を迫られるでしょう。それにしても、白は天使、黒は悪魔とは、いったい誰が決めたのでしょうね。

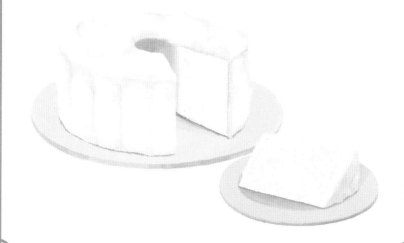

デヴィルス・フード・ケイク devil's food cake

　アメリカで親しまれているチョコレートケーキで、日本語にすると「悪魔の食べ物」の意味になります。作り方は、チョコレート味のスポンジケーキにチョコレートクリームを挟み、全体も同じクリームでカヴァーします。そして、表面全体にチョコレートコポー（薄く削ったチョコレート）をまぶしたり、あるいはチョコレートクリームを塗って仕上げます。チョコレート尽くしで黒い色をしているところからこの名が付けられました。エンジェルケイクが白くて軽い食感であるのに対し、デヴィルス・フード・ケイクは黒くて濃厚なチョコレートの口当たりになっており、このあたりも対比的なつくりになっています。このようにあえて黒い色にまとめられ、「悪魔」の名の付いたお菓子は他国にも見られます。たとえばフランスでも、チョコレートをベースにしたデザート菓子で、「黒い悪魔」という意味のディアーヴル・ノワール（diable noire）と呼ばれるものがあります。ネーミングが面白く、対比的な2つのケーキは、パーティーやイベントなどにも重宝されるでしょう。

№ 114 | マフィン
muffin

年代	ヴィクトリア王朝時代
発祥	イギリス
別名	－

特徴

ナッツやチョコチップなどを入れた小さなカップケーキまたは厚焼きのパンケーキのようなお菓子。

 ## アメリカに伝わって大きく変化したお菓子

イギリス生まれの発酵菓子で、ヴィクトリア王朝時代に広まったといわれています。当時はマフィン・トレイと呼ぶ器にマフィンをのせて、緑色の布をかぶせ、これを頭にのせたマフィン売りが街を回ってきたといい、彼らが現れるのを街の人々も楽しみにしていたようです。基本的な生地はイーストかベーキングパウダーを使ったものですが、さまざまなタイプのものが楽しまれています。発祥国のイギリスではパンケーキのように天板を使って厚めに両面を焼いて作られますが、これが伝わったアメリカでは、パウンドケーキ状の生地をベースに、型やカップに入れて焼いています。味付けもアメリカらしくチョコチップ、アーモンドなどのナッツ類、ラムレーズンなどを混ぜてアレンジが加えられて作られています。マフィンの語源は、フランス語で「やわらかいパン」を意味する語であるパン・ムフレ（pain moufflet）からきているとの説があります。ちなみに日本で知られているのは、圧倒的にアメリカン・マフィンでしたが、近年はイングリッシュ・マフィンも知られるようになってきました。

№ 115 ｜ アイスクリーム
ice cream

年代	17世紀以前
発祥	フランス
別名	―

特徴
牛乳などの乳製品を撹拌して冷やし固めたスイーツ。

フランス宮廷にはアイスクリーム専門の料理人も

世界各地で親しまれる氷菓の代表的なお菓子。天然の氷を味付けして食べるのは古代から行われていましたが、人工的に凍らせるスイーツは、16世紀頃に作られるようになりました。最初はヴェネツィアで氷に硝石を入れてワインや果汁を凍らせる技術が開発され、やがて1533年にメディチ家の息女カトリーヌがのちのフランス王アンリ二世に嫁ぐときにフランスへ伝わりました。やがてヨーロッパ各地に広がります。その後、このシャーベットにクリームを混入するとバター状になるこ

とがわかり、それをバターアイスやクリームアイスなどと呼んでいたようですが、いつしか転じてアイスクリームに変わっていったようです。17世紀から18世紀にかけてのフランス宮廷ではアイスクリーム専門の料理人が登場しています。1868年にドイツで製氷機が発明され、1873年にミカエル・ファラディが液化アンモニウムを利用した製氷機を発明し、大量のアイスクリームを製造することが可能となりました。現在は世界中で夏に限らず一年を通して楽しまれるスイーツとなっています。

No 116　アップルパイ
apple pie

年代	不詳
発祥	不詳
別名	―

特徴
パイ生地にリンゴの果肉を
詰めて焼き上げたお菓子。

各地で発展を遂げるアップルパイ

リンゴをフィリングとした皿状の焼き菓子。土台には、通常はパイ生地を使用しますが、ビスケット生地やスポンジケーキが使われることもあります。この種のお菓子は世界の各地で作られており、その地の特性が出たものが育まれています。アメリカやイギリスなどのアップルパイは、薄くのばしたパイ生地をパイ皿に敷き、その中に水煮にしたりプレザーブ状にしたリンゴを詰め、パイ生地をかぶせて焼いたものです。日本でも、このタイプのものが強く根付いているようです。またフランスでは、ノルマンディー地方のタルト・

ノルマンド（ぶつ切りにしたリンゴのタルト）や、アルザス地方のタルト・アルザシエンヌ（クリーム状の生地にリンゴをのせたタルト）、あるいは逆さに焼いて裏返しにするタルト・タタン（→p.110）などがあります。オーストリアやドイツなどでは、透き通るほどに薄くのばした小麦粉生地でリンゴを巻いて焼くアップフェルシュトゥルーデル（→p.52）や丸ごとのリンゴを使ったアップフェル・イム・シュラーフロック（→p.75）などがあり、これらも広い意味ではアップルパイの仲間といえるでしょう。

№117 | ジェリー
jelly

年代	不詳
発祥	不詳
別名	仏／gelée（ジュレ）

特徴
果汁やジュース、コーヒーなどに砂糖を加えてゼラチンで固めたお菓子。

美しい透明感とプルプルの食感が大人気

日本語ではゼリーと呼ばれているお菓子。英語ではジェリー、フランス語ではジュレと呼びます。製菓用語では、さまざまな果汁やジュースなどの液体に砂糖を加え、ゼラチンを混ぜて冷やし固めたものを指します。ちなみに料理用語では、冷えて固まった肉汁や魚汁を指す語でもあります。フランスではジュレ・オ・ゾランジュ（オレンジ果汁のジュレ）やジュレ・オ・ヴァン・ルージュ（赤ワインのジュレ）などのゼリー菓子が作られています。ほかにも大型のデザート菓子からプティ・ガトー（小型のケーキ）に至るまで、さまざまなお菓子で広く利用されています。またゼリーは透明でつややかに固まるため、各種のケーキなどの上面に流し、美しく仕上げるのにも欠かせません。現代のゼリーは口当たりや口溶けの点で、夏の常温で溶けだすぐらいの状態、水分に対して2〜3％ほどのゼラチンで固めたものがおいしいとされています。18世紀後半から19世紀頃には、現在のほぼ1.5倍から2倍ほどのゼラチンを使ったかたい食感が好まれていました。味覚や食感も時代に合わせて変化していくようです。

キャンディー／キャラメル
candy / caramel

年代	不詳
発祥	不詳
別名	仏／*bonbon*（ボンボン） 独／*Bonbon*（ボンボン）

特徴
味付けや香りづけを
した糖液などを煮詰
めて作る飴菓子類。

 ## 飴菓子の違いは煮詰める温度がポイント

キャンディーはフランス語やドイツ語ではボンボンといいますが、キャラメルはどの国でもだいたい同じ名前で呼ばれています。これらは、糖液の最終的な煮詰め温度によって、冷却した時の硬さが異なり、それぞれの状態に応じて、ソフトキャンディー、ハードキャンディーなどと区別されています。ソフトタイプにはソフトヌガーやタフィー（ミルクキャラメルの一種）などがあり、ハードタイプにはドロップやハードヌガー、あるいは各種の飴玉と呼ばれるものがあります。たとえばドロップは、物によりますが145度くらいまで煮詰めてから冷やすので、噛むとガリッと砕けます。対してキャラメルはハードタイプにしても135度くらいまでにとどめています。ソフトタイプに至っては129度ぐらいで火からおろして冷やし固めます。このように煮詰める温度が低いと、口当たりはやわらかいものになります。日本で流行った生キャラメルは、115度前後で火からおろしています。これは冷やしてもなかなかしっかり固まらないほどやわらかい状態になり、そこが受けたようです。

№ 119 | ベイクド・チーズケーキ
baked cheesecake

年代	不詳
発祥	不詳
別名	―

特徴
チーズ、生クリーム、砂糖など
を混ぜて焼き上げるケーキ。

古代からその片鱗が見えるデザート菓子

焼き上げて作るタイプのチーズケーキ。昔からお菓子にはさまざまな乳製品が使われてきましたが、中でも奥行きが深いのがチーズでしょう。国柄によりいろいろなチーズが生まれ、それらを使って作られるお菓子もまた各所に花を咲かせていきました。そうしたチーズケーキの起源は古代ギリシャに見ることができます。当時のトリオン（→ p.12）というお菓子は、今でいうチーズプディング風のデザートだったようです。その後、フランスなどでは、1900年代からブリーチーズやグリュイエールなどのチーズを使ったデザートが好ま

れており、ドイツでは、ケーゼクーヘンやケーゼトルテなどがあります。オーストリアではカッテージチーズを思わせるトプフェンと呼ばれる生チーズが好まれていて、これを用いたトルテが作られています。イタリアではリコッタチーズのデザート菓子やマスカルポーネを使ったティラミスなどがあり、アメリカでは焼いたもの、レアタイプを問わず、いかなる種類でもチーズさえ使えばチーズケーキと呼ばれています。これは日本に近い捉え方です。そうした中の、焼いて作るものをベイクド・チーズケーキといいます。

Column

いろいろなチーズケーキ

一口にチーズケーキと言っても、実はさまざまなものが作られています。
それらの違いを詳しく紹介します。

チーズケーキと呼ばれるものは数多くありますが、大きく分けるとベイクド・チーズケーキ（→p.159）といわれる焼き上げるタイプと、レア・チーズケーキと呼ばれる生タイプのものがあります。ベイクド・チーズケーキには、日本でも流行したニューヨークチーズケーキやバスクチーズケーキなどがあります。レア・チーズケーキは、焼かずに生のままで供されるチーズケーキをいいます。基本的な作り方は、フレッシュなクリームチーズをベースに卵黄、砂糖、ムラングなどを混ぜて冷やし固めるもので、レモン風味などに味付けされます。チーズはイタリアのマスカルポーネやフランスのフロマージュ・ブラン、オーストリアのトプフェンなどが使われます。レア・チーズケーキの具体例としては、お馴染みのティラミス（→p.46）やクレメ・ダンジュー（→p.101）などがあります。

これらと少しタイプの違うスフレ・チーズケーキというものもあります。スフレは、フランス語で「膨らませたもの」を指し（→p.108）、主にムラングを使って生地を膨らませます。作り方は、焼くタイプ、蒸すタイプ、生タイプがあり、それぞれの手法でふっくらと仕上げます。焼くタイプは「フワフワのスポンジ状」に、蒸すタイプは「しっとりフワッと」、生タイプは「ふんわり、しっとり、クリーミー」な仕上がりになります。また、チーズケーキを食べられる皿状の器にのせたお菓子は日本ではわかりやすくチーズタルトと呼ばれています。皿の素材にはビスケット生地やパイ生地、薄切りスポンジケーキなどが用いられ、その中に、チーズを主体とした具材を詰め、器ごと焼き上げるもの、あるいは焼いた器に生タイプの生地を流し入れて、冷やし固めて供するものがあります。

No 120 | ホット・チョコレート
hot chocolate

 年代 1518年以降
発祥 古代アステカ
別名 ―

特徴
チョコレートを牛乳や生クリーム
などと合わせて温めたドリンク。

✦ チョコレートの始まりは飲み物だった

チョコレートはカカオ豆から作られるもの
で、その起源は南米アステカにあるとい
われています。古代アステカ人はカカオ
の実をすり潰した苦くドロッとした飲み物
をショコラトルと呼び、愛飲していました。
1518年、スペインのフェルナンド（エルナ
ン）・コルテスらがやってきてその地を征
服しました。スペイン人はショコラトルを
自国に持ち帰り、ミルクや蜂蜜を入れて
自分たちの口に合うように調整しました。
その後、オランダのヴァン・ホーテンによっ
て、カカオの実からカカオバターが抽出
され、その搾りかすにお湯やミルクを加

えたライト感覚の飲み物が作られるよう
になりました。これがココア・ドリンクの始
まりです。また、搾りかすに適量のカカオ
バターと砂糖などを加えて固めたものが
固形のチョコレートになりました。つまり、
チョコレートとはそもそもは液状のドリン
クだったのです。なお現在のホット・チョ
コレートと呼ばれているものは、いわゆる
ココアではなく、温めたミルクや生クリー
ムで固形のチョコレートを溶かし、シナ
モン等で香りをつけたもので、ココアより
重厚な飲み物として楽しまれています。

ナポレオンとチョコレート

フランスが生んだ英雄・ナポレオン・ボナパルトのチョコレート好きは有名だったといわれています。では彼が好んでいたチョコレートとは一体どんなものだったのでしょう。

ナポレオン・ボナパルト
Napoléon Bonaparte
1769-1821

フランス革命で軍人として活躍し、革命後フランス皇帝となる

　チョコレートは当初、カカオの実をすり潰した、苦くドロッとした飲み物で、古代アステカ人たちが好んで飲んでいたといいます（→p.161）。その後スペインに伝わり、1828年、オランダのヴァン・ホーテンによってココアドリンクが作られます。固形のチョコレートは、1842年にイギリスのキャドバリー社の定価表に初めてイーティング・チョコレートの名称が登場しています。また1848年に同じくイギリスのフライ・アンド・サン社がカカオペーストに適量のカカオバターを加え、粉砕した砂糖を混ぜ込み、型に流して固めたもの（板チョコレートの原型）を作りました。そしてこ

れに「デリシウー・ア・マンジェ（食用のおいしいチョコレート）」と名付けて売り出します。どちらが先かは完成度によりますが、いずれにしても1800年代半ば前の話です。

　さて、ナポレオンはチョコレートをこよなく愛したとされていますが、その在位は1804年から1814年です。ということは、彼の愛したチョコレートとは、まだ固形になる前、いわゆるチョコレート・ドリンクであったということのようです。ナポレオンはこの時代の苦くて重たいホット・チョコレートを、現代のコーヒーのような感覚で飲んでいたのかもしれません。

ベートーヴェンとアイスクリーム

楽聖ベートーヴェンがアイスクリームを愛してやまなかったという話も、広く知られています。この時代のアイスクリームは、冬限定の味わいだったようです。

ルートヴィヒ・ヴァン・ベートーヴェン
Ludwig van Beethoven
1770-1827

音楽史に残る名曲を数多く生み出した
ドイツの作曲家・ピアニスト

　ベートーヴェンは、1787年、16歳の時にウィーンを訪れ、2週間をそこで過ごしています。その後何度もウィーンを訪れ、合わせて三十数年間をウィーンで過ごしました。

　彼の残した日記に「ウィーンの街に落ち着いたが、今年の冬は暖かいので氷が少なく、アイスクリームが食べられないかと心配だ」と書かれています。この日記がいつのものかはっきりしていませんが、日記の文面から察するに、おそらくまだ初歩的なアイスクリームの作り方をしていた時代と思われます。それは、桶に氷と塩を交互に入れ、その中に溶液を入れた器を置き、中

の溶液を氷点以下にし、手で回しながら作る方式です。もう少し発展したフリーザーと呼ばれる冷却器は、1775年にイギリスのウィリアム・コール博士によって発明されています。しかし、まだ完成度はあまり高くなく、それが広く使われるようになるのは、もう少し後になってからのようです。そのため、日記にあるように、ベートーヴェンが好んで食べていたウィーンのアイスクリームは、主に冬の寒いときに作られていたもののようです。きっと冬の訪れが待ち遠しかったことでしょう。

マリー・アントワネットと
ムラング（メレンゲ）

宮廷での豪華な暮らしぶりが知られているマリー・アントワネットですが、彼女が虜になったのは、雪のように軽くて甘い、あのお菓子でした。

マリー・アントワネット
Marie-Antoinette
1755-1793

フランス国王ルイ十六世の妃。
宮廷で贅沢の限りを尽くし、
フランス革命で処刑された

泡立てた卵白に砂糖を加えたものを、フランス語ではムラング、日本ではメレンゲといいます。これを好みの形に絞り乾燥焼きにすると、可愛らしいお菓子になります。ムラングは別のお菓子の飾りやクリームとして、またムース系の生地にも用いられます。日本料理や和菓子でも淡雪と名付けて使われています。

ムラングの発祥には諸説ありますが、それはさておき、フランスで初めてムラングが作られたのはナンシーという都市で、その地の領主のスタニスラフ・レシチニスキーによって供されたといいます。それを考案したのも王自身か彼付きの料理人ともいわれています。その娘でルイ十五世に嫁いだマリー・レシチニスキーや、ルイ十六世の妃マリー・アントワネットもムラングが大好物だったと伝えられています。特にスタニスラフ王はマリー・アントワネットをたいそうかわいがっており、彼女に

ムラングの作り方を教えたところ、大変喜びました。そして、田舎家を模して造られた別棟プティ・トリアノンに一人でこもり、夢中になって作っては楽しんでいたといいます。弱冠14歳で嫁いできたマリー・アントワネットには、宮廷生活は耐え難いものだったのでしょう。宮殿とはかけ離れた生活を模索し、安らぎを求めていたといいます。そこには息の詰まるような宮廷文化とその生活を垣間見ることができます。この孤独と空しさに対し、たとえひと時とはいえ現実を忘れさせてくれたお菓子、それがムラングだったのでしょうか。

当時はまだ絞り袋や口金がなく、現代のように色々な形には作ることはできず、スプーンで生地を落として作っていたはずです。そして彼女の命も淡雪の如く消えるわけですが、その後に生まれた口金はお菓子作りにとって素晴らしいデコレーション文化の花を咲かせることになります。

　ところで、マリー・アントワネットにまつわる話として、側近が「市民はパンがないと騒いでいます」と言ったところ、「パンがなければお菓子を食べればよいではないか」と答えたという有名なエピソードがあります。近年はマリー・アントワネットの発言ではないとも言われていますが、それはともかく、この言葉が指すお菓子とは、実はブリオッシュ（→p.127）のことだといいます。イーストの発酵を利用して作るブリオッシュは、パンとお菓子の中間のようなものです。この発言が伝わった当時の日本ではブリオッシュがまだよく認識されていなかったため、訳者が困り、ブリオッシュもお菓子のようなものだからと、こう訳してしまいました。この訳だといかにも世間知らずな王妃を想像してしまいますが、実際のところはどうだったのでしょう。ブリオッシュも当時ふつうのパンと比べれば高価な材料を使っていたのは確かですが、軽いジョークのようにも思え、少し印象が変わってくるかもしれません。

Column
サンデーとパフェの違い

日本でも冷製デザートとして人気があるサンデーとパフェ。
この二つのお菓子はよく似ていますが、生まれた国や背景が異なります。

サンデー（sundae）は、アイスクリームにチョコレートやシロップを添えたアメリカのデザート菓子です。起源は諸説あり、発祥の地と自称している場所がいくつかあります。たとえば、ウィスコンシン州のトゥーリバーズでは、1881年にアイスクリーム店主をしていたエド・バーナーズという人が、当時日曜日にクリームソーダを売ることが禁じられていたため、その代わりにチョコレートソースを掛けたアイスクリームを売ったことが始まりとの説があります。また同州のマニトワックという街でも、同じくアイスクリーム店主のジョージ・ギフィーが日曜日だけこのお菓子を売り出したところ好評で、ある少女の希望により毎日売るようになったという説もあります。「sundae」の綴りになった理由は、書き間違えた説のほかに、キ

リスト教の安息日（礼拝をする日）の日曜日（sunday）と重なることを避け、あえて綴りを変えたとも言われています。さまざまな説がありますが、サンデーはその後各種の果実やホイップクリームが盛られるなどとどんどん進化し、今に至っています。

同じようなお菓子にパフェ（parfait）と呼ばれるものがあります。これは、フランス語で「完全」という意味のパルフェというアイスクリーム菓子が変化し、アイスクリームにフルーツやシロップ、ホイップした生クリームなどをあしらった冷製デザートとして広まったものです。2つのお菓子はよく似ていますが、サンデーは幅の広い器で供されることが多く、パフェは縦長の器で作られることが多いようです。

PART 3
お菓子の
カレンダー

12か月の季節ごと、またはイベントにまつわる
洋菓子のさまざまなエピソードを紹介します。
キリスト教のイベントから生まれた習慣や、
国によって異なる楽しみ方を知れば、
もっと洋菓子の魅力を感じられるでしょう。

主顕節（公現節）

日本のお正月のお菓子といえば花びら餅（ごぼうが入った半月形の餅菓子）ですが、お菓子の本場とされるフランスでは、キリスト教の祝祭・主顕節（公現節）をガレット・デ・ロワというお菓子で祝います。

✥ 主顕節（公現節）とは

イエス・キリストの誕生を祝い三博士が礼拝した日とされるキリスト教の祭日。聖書によると、12月25日、突如巨大な赤い星が現れ、それが救世主誕生の印であるとの預言により、東方から三人の博士がラクダに乗ってその星を追い続けました。それから12日目の1月6日、ピタリと止まった星の真下のベツレヘムの馬小屋で、聖母マリアに抱かれた幼子のイエス・キリストに礼拝したといいます。この話から、この日は「主が顕れる」として主顕節、「公に現れる」として公現節とも呼ばれるようになりました。また旅に12日かかったことからトゥウェルフスデーとも呼ばれます。その他に、エピファニー、三王来朝の祝日、東方三博士の祝日などの呼び方もあります。

フェーヴを引き当てた幸運な人が王様に！

ガレット・デ・ロワ（galette des Rois）は「王様のガレット」を意味し、アーモンドクリームをパイ生地に包んで焼き上げるものですが、その中にフェーヴ（fève）と呼ばれる陶製の小さな人形を忍ばせます。切り分けて食べるとき、それに当たった人はその場で男性なら王様、女性なら女王様になって、紙製の王冠を戴き、周りの人たちから祝福を受けます。

フェーヴは「そら豆」の意味ですが、その起源は古代ローマ時代にあるといいます。当時の収穫祭では庶民にもお菓子が配られ、そら豆が入ったお菓子を引いた人が祭りの間だけ王様になれるという習慣がありました。これが後にキリスト教が広まったとき、主顕節のお菓子に引き継がれたとされています。

当初はそら豆をキリストに見立ててお菓子の中に入れていましたが、今から300年ほど前に「キリストをそら豆に例えてはならない」として、陶製の人形に替えられました。今では宗教的な面よりも、運試しとして楽しむという意味合いの方が強くなり、中に入れるフェーヴの形やデザインも、キリストを模したものからかわいい動物やパティシエ姿、テニスのラケットやヨットなどいろいろなものが作られるようになっています。また、本来は1月6日が祭日ですが、近年は聖母マリアの記念日とされる1月1日を除いた、一週間のうちの日曜日に行うことが多くなりました。家族が集まりやすく、楽しみ優先のカジュアルなお祭りになってきているようです。

2月
February

聖燭祭

ヨーロッパ文明の精神的なバックボーンはキリスト教ですが、その文化圏には信仰にちなんださまざまな行事があります。その一つが2月2日の聖燭祭です。

✤ 聖燭祭とは

キリスト教の「主の奉献」または「聖母マリアお潔めの日」。これは、聖母マリアがキリスト生誕後40日にお潔めの儀式を受け、キリスト奉献のためにエルサレムを訪れたことを記念する日です。この日に信者たちがマリア様を祝福すべく、キャンドルに火を灯して行列する儀式が行われることから、聖燭祭を意味す

るシャンドルール（Chandeleur）と呼ばれています。もともとは、ヨーロッパで厳しい冬の終わりを祝い、各家々に春の光明を表すキャンドルを灯す習慣があります。日本での節分のようなものですが、これがいつしか「主の奉献」と重なって、今日のような行事と結びついたと考えられています。

金貨を握りクレープを投げて運試し

もとの宗教的な意味合いから発展して、クレープ（→p.98）を使った遊びが広まっていきました。

クレープの起源は、16世紀頃の聖燭祭で焼かれたことが始まりとされていますが、そうした流れを引いてか、現在もクレープを使った運試しが行われています。左手に金貨、右手にフライパンを持ち、焼けたクレープ生地をポーンと空中高く放り上げます。それをうまく元のフライパンに戻せたら、その年は幸運が訪れ、お金に困らないといわれています。古くから人々はこうして辛い寒さを楽しさに置き換えながら、厳しい冬を乗り越えてきたのです。ところで、うまくいかなかったら

どうなるのでしょう。大丈夫、もう一回やり直せばいいだけのことです。

ヴァレンタインデー

キリスト教のカレンダーでは365日、毎日があらゆる聖人と結び付けられていて、それぞれの聖人は職業の守護などの役割を担っています。そのうち2月14日は聖ヴァレンタインの祝日とされ、愛の記念日とされています。

✦ 聖ヴァレンタインの祝日とは

聖ヴァレンタイン（サン・ヴァレンティノ／San Valentino）にはいくつかの話が伝えられています。3世紀頃、ヴァレンティノはローマで司教になりました。当時のローマ皇帝は兵士の結婚を禁じていたにもかかわらず、彼は若者たちのために皇帝の命にそむいて多くの結婚式を取り持ち、皇帝の怒りを買ったことで処刑されてしまったといいます。また他説では、ヴァレンティノが病を治す奇跡を次々と起こしたり、数々のカップルを幸せにしたりという伝説も数多く伝えられ、これらが愛の記念日に結びついたとされています。彼の処刑の理由については、当時の時代背景を考えると、別の説も有力です。当時ローマでは、人は皆平等であると説くキリスト教は、皇帝崇拝の考えに反するものとして、正式には認められていませんでした。このこともあり、273年2月14日、彼は処刑されてしまいます。その後にキリスト教が認められ、さまざまな逸話が合わさり、ヴァレンティノが愛の守護聖人とされるようになりました。

日本から世界へ広がるチョコレートの文化

愛の守護聖人にちなみ、2月14日は男女の愛の告白や贈り物をする日となり、日本では女性から男性にチョコレートを贈るようになりました。これは、ロシア人の親子が日本で開いたモロゾフという菓子店が、昭和初期に「ヴァレンタインデーにチョコレートのプレゼントを」という広告を英字新聞に載せたのが始まりといわれています。以来大きく広がっていき、今ではアジア圏はおろか、フランスやスイスなど洋菓子の本場の国々にも伝わっています。

3月14日にお返しをするホワイトデーもありますが、これは今のところ日本だけで行われている行事です。

カーニヴァル(謝肉祭)

キリスト教にはいろいろな行事がありますが、毎年日付が決まっているものと、そうでないものがあります。後者は移動祝日と呼ばれていますが、カーニヴァルもその一つです。

✤ カーニヴァルとは

四旬節(断食の期間)*の直前の3～8日間にわたって行われるお祭り。四旬節が復活祭(→p.174)の日付を基準とするため、毎年日程が変わります。断食を前にして、肉を存分に食べて楽しく過ごすのがカーニヴァルです。カーニヴァルは「謝肉祭」と訳されますが、語源はラテン語の「カルネ・ヴァレ(肉よさらば)」、または「カルネム・レヴァーレ(肉食をやめる)」とされています。カーニヴァルの起源は、一説では古代ローマ時代の農神祭(派手な飲み食いをする祭り)がもとになったとされています。カーニヴァルには、仮装、仮面行列、張り子人形などのイメージがありますが、その意味は時代や地域によって異なります。農村では春を迎えて豊作や多幸を祈念する祭りとして、仮面や仮装も悪魔への威嚇という意味をもっていましたが、教会では屋外での遊びの要素が強く、楽しむための行事となりました。ローマ発祥とされていることから、現在もローマ・カトリック文化圏の国々で行われています。フランスのニース、イタリアのヴェネツィア、ドイツのケルン、スイスのバーゼル、ブラジルのリオデジャネイロあたりが盛んです。

*四旬節は、復活祭(→p.174)の前日までの日曜日を除く40日間。四旬とは40日を意味し、かつてキリストが行った40日間の断食を記念し、信者が断食や精進を行う期間です。

仮面やピエロのお菓子でお祭りを盛り上げる

　この日のお菓子もさまざまで、たとえばスイスでは、「カーニヴァルの小さなお菓子」を意味するファスナハッキュッヒリ（Fasnachtschüechli）という煎餅のような揚げ菓子を山積みしてお祭りを盛り上げます。フランスのニースでは、揚げ菓子のベニェ・ド・カルナヴァル（beignet de carnaval）や、お面やおどけ顔の形をしたマスク・ド・カルナヴァル（masque de carnaval）が売られ、お祭りに心躍る子供たちが次々

に買い求めます。菓子店のショーウィンドーを飾るのは、ピエロの形のチョコレートやカーニヴァルをデザインしたお菓子の数々。パン屋でもお面の形や滑稽なピエロの形のパンを焼き上げています。街には仮装した人々や大きな山車が行列を作って練り歩き、紙吹雪が舞う中大歓声に包まれます。こうして人々は長く辛かった冬を払いのけるかのように、お祭り気分で浮かれ楽しむのです。

復活祭 (イースター)

キリスト教の行事の中でも特に重要な意味をもつのが復活祭です。四旬節の断食期間が明けて、キリストの復活を盛大に祝います。

✦ 復活祭 (イースター) とは

キリストの復活を祝う春の最大の行事。春分後の満月の後の最初に迎える日曜日とされているため、毎年日付が変動します。暦の上では3月22日から4月25日までの35日間のうちの日曜日に行われます。英語ではイースター (Easter)、フランス語ではパーク (Pâques) と呼ばれ、クリスマスに匹敵するほど大きな行事です。キリストは、十字架にかけられて処刑されたことで知られています。キリストは処刑前、弟子たちに自分が「3日後によみがえる」ことを予言していました。そして処刑から3日後の日曜日、墓からキリストの遺体が消え、予言通りに復活して姿を現します。キリスト教ではこれを奇跡とし、毎年この日曜日を祝うようになりました。

ニワトリやウサギと幸運の卵でお祝い

この日を祝うお菓子として、卵の形のチョコレート (イースター・エッグ) が店頭に並びます。卵だけではなく、ニワトリやウサギの形のチョコレートやヌガー、鳥の巣に卵やヒヨコがのっているケーキなど、お菓子の種類はさまざまです。卵や鳥のモチーフは、親鳥が産んだ卵がヒヨコになり、やがて成鳥となってまた卵を産むという誕生や生命の復活のイメージになぞらえたものです。ウサギは春の野山を駆け回り、幸運の卵をくわえてくるといわれています。

パリの辺りではこの頃、ようやく三寒四温の時季となり、会社も学校も休みになり、街は急に賑わいを見せます。小鳥がさえずり、イースターの盛り上がりとともに春の華やかな陽気を感じる季節です。

4月
April

ポワソン・ダブリール

4月1日は欧米ではエイプリル・フールズ・デイとされ、当日に限り悪意のないいたずらや軽いウソが許されるといいます。一方フランスではポワソン・ダブリール（poisson d'avril）と呼ばれ、春の訪れを祝う日です。

✤ ポワソン・ダブリールとは

日本語では「4月の魚」の意味で、この魚とはサバを指します。フランスでは4月にサバがあまりにかんたんに釣れてしまうから、4月1日にこれを食べた人をからかって「4月の魚」と呼ぶという説があります。また、キリスト教のイクトゥス（魚のシンボルマーク）と関係するという説もあります。これは昔キリスト教が迫害された頃、キリストを表す暗号として使ったそうです。他説では、1564年にフランスでグレゴリオ暦が採用され、新年が1月1日からになったとき、一部の人は旧暦の新年だった4月1日に冗談で祝賀を述べ合ったことから、4月1日は冗談が許される日となったといわれています。諸説尽きませんが、いずれにせよ、この時期には川底や海底に眠っていた魚たちも目を覚まして水面に躍る、生き物たちが活発になる春本番の行事というわけです。

待ちわびた春を喜ぶ魚のチョコレート

この頃フランスの菓子店には、とぼけた顔やリアルに象った魚の形のチョコレートが、色とりどりのリボンやラッピングで飾られます。その魚のお腹の中には卵の形のボンボンやマジパン菓子、一粒チョコレート菓子、小魚や貝の形のチョコレートなどが詰められています。これを親しい人同士で贈り合い、春の到来を心から楽しみます。また、子どもたちは魚の絵を描いて、先生や友達の背中にこっそり貼るいたずらを楽しむそうです。日本でも、魚の形のパイにクリームやイチゴをのせたお菓子が見られるようになりました。

5月
May

マイケーファ

冬の寒さが厳しいことで知られるドイツでは、春が過ぎて5月に入ると、マイケーファ（Maikäfer）という初夏のお祭りが行われます。

✤ マイケーファとは

マイはドイツ語で「5月」、ケーファは「黄金虫（コガネムシ）」を指します。ドイツの冬は長く厳しい寒さが続くため、春や初夏を待ち望む気持ちがいっそう強くなります。そしてようやく春の陽気になってくると、それまで木の中や土の中に潜っていた虫たちも、もぞもぞと動き出します。日本でいう二十四節季の啓蟄（けいちつ）のようなイメージですが、ドイツでは虫の中でも特にコガネムシが幸運をもたらすものとして人々に喜ばれています。

コガネムシのお菓子で皆ハッピーに

ドイツの幸せの象徴であるコガネムシはチョコレート菓子の形で表現され、5月の菓子店の店頭を飾ります。かわいくデフォルメされたデザインもあれば、本物そっくりに作られたものまでさまざまです。近年はコガネムシと同じように幸運のモチーフとされるテントウムシのデザインも作られ、クッキーや小型のケーキ類の上にのせられています。その中身は、ガナッシュと呼ばれるチョコレートクリームやプラリネと呼ばれるアーモンドペーストなどが詰められています。人々はこのお菓子を家族で味わったり、親しい人同士で贈り合ったりしながら、春から初夏に至る、一年で最も快適な季節の到来を楽しんでいます。

フェート・ド・ミュゲ

5月1日はメーデー（労働者の祭典）ですが、お菓子大国のフランスでは、フェート・ド・ミュゲ（Fête de muguet）という素敵な催しが行われます。

 フェート・ド・ミュゲとは

日本語では「スズラン祭り」といい、ヨーロッパの一年で最もさわやかな季節である5月を飾るにふさわしい催事です。この日は街角のそこかしこで、子どもやおばあさんたちが、可憐なスズランの小さな花束を持ち、行き交う人たちに向かって「ミュゲ（スズラン）はいかが？」と呼びかけます。花束を買った人は身近な人に親愛の情を込めて贈り、もらった人には幸運が訪れるといいます。スズランは、キリスト教の聖母マリアを象徴する花ともいわれ、「純潔」や「純粋」といったイメージがあることからウェディングブーケにもよく使われています。またスズランは幸せな春の訪れを表す花とされています。これらが「幸福」のイメージにも結びついているようです。

可憐なスズランの花を再現したお菓子をプレゼント

この日は、スズランをデザインしたクッキーやケーキなど、さまざまなお菓子が並びます。まるでスズランの鉢植えの模型のようなポタ・ミュゲ（pot à muguet）というお菓子は、マジパンや飴細工などでスズランの花、ヌガーやチョコレートで植木鉢を再現して作られます。こんな風に、スズランのモチーフを贈り合うこのほほえましい習慣は、日々を慌ただしく過ごす中で忘れがちな、季節の移り変わりに対する繊細な感覚と心のゆとりを思い起こさせてくれます。

5月 May 母の日

アメリカや日本では、5月の第二日曜日は母の日とされています。母への日頃の感謝を伝える日として知られていますが、これにはどんな背景があるのでしょうか。

✤ 母の日の起源

母の日は、ギリシャやイギリスで四旬節（→ p.172）の初日から数えて4回目の日曜日、「四旬節第四主日」と呼ばれる日に両親の霊に謝意を表するために教会に行くという風習が元になったという説があります。また1908年、アメリカのウェストヴァージニア州でアンナ・ジャービスという女性が亡き母を偲び、母の日の礼拝を行いました。その後、彼女の活動がアメリカ全土に広まり、1914年に当時の大統領ウィルソンが5月第二日曜日を「母の日」に制定しました。これにイギリスも追随し、1928年にはフランスが、1932年にはドイツもそれに倣い、日本は少し遅れて太平洋戦争後に行うようになりました。この日は感謝の気持ちを表し、カーネーションを母にプレゼントするのが通例となっています。

母への感謝のプレゼントは世界共通

この日が近づくと、花屋ほどではないにしても、菓子店も忙しくなります。日本ではカーネーションの形のマジパン菓子や、「お母さんありがとう」などの文字が入ったデコレーションケーキや小型菓子が店頭を飾ります。ところで、実はフランスだけが他の国と母の日の日にちが異なります。フランスでは5月の第二日曜日は救国の戦士ジャンヌ・ダルクの日として先に定められていたため、日程をずらして五月の最終日曜日（精霊降臨祭*と重なる場合はさらにずれて6月の第一日曜日）とされました。贈る花はカーネーションより

もバラの花がよく使われます。そして、フランスの菓子店でも「ママン（Maman）」などの文字入りのお菓子が飾られます。母を慕い敬うという気持ちは世界共通で、その点は日米との違いは見られないようです。

*復活祭（→p.174）から50日目の日曜日。

6月 June

ジューンブライド

日本では過ごしやすい気候の春と秋が結婚式シーズンとされていますが、欧米では「ジューンブライド」という言葉にみられるように、一年で最も快適な6月という季節が好んで選ばれます。

✦ ジューンブライドとは

日本語に訳すと「6月の花嫁」ですが、その起源は古代ローマの神話にまつわる言い伝えが関係しているようです。それは、結婚をつかさどる女性の守護神・ジュノー（Juno）が由来の6月・ジューン（June）に結ばれた花嫁は幸せになるという話でした。こうした神話が生まれるくらい、ヨーロッパの初夏は結婚式向きの爽やかな季節です。また、冬の寒さが厳しいヨーロッパですが、この頃に結ばれたカップルがすぐに赤ちゃんを授かると翌年の春頃に生まれ、暖かくなる一方で子育てにはひと安心です。再び寒くなる頃にはすでに抵抗力もついている、という生活の知恵から来た習慣なのかもしれません。

ウェディングケーキのはじまりはハニーケーキ？

結婚式のお菓子といえば、何と言ってもウェディングケーキですが、そのはじまりは蜂蜜のケーキだったという説があります。その昔、エジプトの蜂蜜がキリスト教の伝道とともにヨーロッパに広まり、これで作ったハニーケーキは各地で親しまれました。そのうち、これにぶどうやプラムなどをブランデーに漬けたものが加えられ、ウェディングケーキとして食べられるようになります。さらにこれを土台にクリームでバラや唐草の文様が施されたものも登場しました。純白のバラは、聖母マリアのシンボルとして親しまれており、また唐草模様は未来への発展、人類の繁栄を表しているといわれています。まさに結婚式にふさわしい吉祥のモチーフです。また、蜂の巣から採れる蜜蝋で作ったキャンドルは質の良い一級品とされ、その神秘的な輝きとはかなさから、ミサをはじめ、後には結婚式や祝い事に際しても欠かすことのできないものとして発展していきました。ちなみに日本でも、結婚式は「華燭の典」と表現されることがあります。

フランスのウェディングケーキはシューで作るタワー

フランスの結婚式では、日本でよくみられる段重ね式のケーキではなく、多くの場合クロカンブッシュ（croquembouche）と呼ばれるお菓子で祝われます。これは、ヌガー（→p.113）で土台を作り、その上に一口サイズのシュークリームを並べて高く積み上げたものです。芸術の国といわれるだけあって、華麗でかつ完成された造形で、人々を魅了する美しさをもっています。ちなみに、積み上げる高さは出席者の人数によって変わります。一人につき3個程度のシューが積まれるので、50名の式なら150個ほどになる計算です。そして式後のパーティーにシューを取り外して皆で食べ、喜びを分かち合います。

このクロカンブッシュは、こうした結婚式以外にもさまざまなセレモニーに用いられ、レセプション会場を盛り上げる大切な役割を果たしています。ウェディングでは、シューの最上部に新郎新婦の人形をのせますが、洗礼式（→p.192）や婚約式、スポーツ大会や企業の祭典など、イベントごとに違った飾られ方があるようです。

また、フランスの結婚式のギフトにはドラジェ（→p.111）が定番です。陶器や布製の箱に詰められ、美しく仕立てられます。また、ドラジェに針金を通して束ね、ブーケの形にして花嫁の手に持たれることもあります。

一年後まで楽しめるイギリスのウェディングケーキ

　イギリスでは、ウェディングケーキとしては大中小の丸いケーキを重ねて飾った三段式のものが主流となっています。もちろんもっと段数も多く、背丈の高いものも作られますが、基本は三段ということになっているのです。なぜ三段なのでしょう。まず、一番下の段の大きなケーキは、そのパーティーの出席者に切り分けて配るためのもの。中段は、当日出席できなかった人たちに後日贈るためのもの。そして最上段の小さなケーキは、一年後の同じ日に主役の二人だけで祝いつつ食べるためのもの。「えっケーキって、そんなに日持ちする?」と驚かれるでしょうが、このケーキはするのです。

　このお菓子は、ブランデーにしっかりと漬け込んだ果実をたっぷり使ったフルーツケーキです。少し温度を抑え気味にして、じっくり時間をかけて焼き上げ、その上からシュガーペーストをかぶせ、密封状態のようにします。これを冷暗所に保管すれば一年ぐらいはちゃんともちます。アルコール度数の高いお酒は殺菌効果があり、時間をかけて生地をしっかり加熱焼成します。加えて抗菌性のあるシュガーペーストでカヴァーすれば大丈夫。結婚式から一年後まで楽しめる、ロマンチックなウェディングケーキです。

7月 July

パリ祭

日本では7月に七夕や新盆などの行事がありますが、フランスでは長期休暇であるヴァカンスに心躍らせるこの頃、パリ祭（フランス革命記念日）という大きな催しがあります。

✠ パリ祭とは

フランス革命記念日。7月14日をそのままフランス語読みにして、ル・キャトルズ・ジュイエ（le quatorze juillet）と呼んでいます。1789年のこの日に、バスティーユの牢獄襲撃に端を発したフランス革命。華麗なる文化を生み出したルイ王朝の終焉と近代フランスの幕開けを記念し、今も受け継がれる現代フランスの記念式典です。この日のパリは終日大賑わいで、凱旋門からコンコルド広場を結ぶシャンゼリゼ大通りでは、軍隊の大行進が始まり、頭上にはジェット機がフランス国旗になぞらえた青、白、赤の3色の噴煙を残して飛び、沿道は大群衆で埋め尽くされます。夜は花火が打ち上げられ、盛大に夜空を飾ります。

国の一大事でも気になるおいしいお菓子！？

　この記念すべき日に食べる習慣はないものの、関わりの深いデザートとしてブラン・マンジェ（→p.126）にまつわるこんな話があります。このお菓子は、本来はアーモンドからわずかしか取れないレ・ダマンド（アーモンドミルク）を使い、手間暇かけて作られるものです。史実をたどると、14世紀の羊皮紙にその名が見られることから、その歴史はかなり遡るようです。元はフランスのランドック地方で作られていたお菓子で、18世紀の美食家グリモ・ド・ラ・レイニエールは、モンペリエという街の料理人たちが素晴らしいブラン・マンジェを作っていたと絶賛しています。さらにこれを作るのは大変難しく、旧体制時にはほんの数人しかうまく作ることができないといわれていたため、我々は革命以来、その秘訣が失われてしまわないかと心を痛めている、とも述べています。それにしても国がどうなるかわからないというときに、その革命以上に心配していたのが、おいしいお菓子の作り方の喪失だったとは。彼にとって美食の極みは、何にも増して優先されることだったようです。

ヴァカンス

7月〜8月にかけて、フランスでは国民的行事である長期休暇・ヴァカンスがあります。フランス中が約1か月もの間、雇用者も従業員もこぞってこの夏の休暇を楽しみます。

✤ ヴァカンスとは

ヴァカンスの起源を調べてみると、年次休暇が労働者に与えられるようになったのは、1936年のマティニョン協定のときからで、当初は年間2週間だったといいます。そのときまでは一部の富裕層の特権にすぎなかった休暇が、やがて広く行き渡るようになり、現在はほとんどの産業で年間最低4週間、通常6週間のヴァカンスが認められています。多くの人々がこの時期の到来に胸をときめかせ、それぞれに楽しみな計画を練り、

一年間の息抜きをしています。その頃のパリは、人々が大西洋岸、地中海沿岸の南仏、スペイン、スイスなどへと旅立ち、一方で日本人を含む多くの外国からの観光客が押し寄せます。それでもうまい具合に街の均衡や生活の仕組みがちゃんと保たれているのは、一軒は7月に、もう一軒は8月になどと、一つの区域内にあるパン屋や菓子店がヴァカンスの日程を取り分けているからです。

旅のお供にガトー・ド・ヴォワイヤージ

ヴァカンスに出かける折のお菓子といえば、ガトー・ド・ヴォワイヤージ（gâteaux de voyage）というものが重宝されます。日本語に訳すと「旅行用のお菓子」となりますが、これはある程度日持ちのするもので、具体的にはマドレーヌやフィナンシエ、パウンドケーキといった

半生菓子の類です。主に車や列車での移動中や旅先で楽しむためのもので、フランスの人々はこれらを持ち歩き、旅のお供にしています。もっとも生菓子では運びにくいし、チョコレートやアイスクリーム類は溶けてしまうし、ごく自然な選択かもしれません。

収穫感謝祭

秋は日本でも農作物の収穫祭が催されます。フランスでも同じですが、中でもワインに使うぶどうの収穫祭が各地で盛大に行われます。

✦ フランスの収穫祭とは

フランスではラ・フェトゥ・ド・ラ・ヴァンダンジュ（La fête de la vendange）といい、収穫感謝祭あるいは単に収穫祭と訳されることもあります。フランスは国土も広く、ぶどうは地域によって収穫時期が異なりますので、このラ・フェトゥ・ド・ラ・ヴァンダンジュも日程は決められてはおらず、各地それぞれ異なります。だいたいは9月から10月にかけて行われます。日本の秋祭りと同じような感覚でしょう。ワイン抜きには語れないほどの国ですから、ぶどうの収穫のお祝いも、とても盛大です。都会のパリではあまり見られませんが、この時期にボルドーやブルゴーニュ、コート・デュ・ローヌ、ロワール、アルザス、コート・プロヴァンスといった地方に行くと、人々は収穫の後の打ち上げパーティーを催し、お祭り気分で活気づいています。その熱い想いは日本でのお米の収穫祭と似たものを感じます。

収穫の労をねぎらうワインとぶどうの料理やお菓子

この時期、大量のぶどうの収穫を終えた人々の食卓にはワインはもちろん、ワインやぶどうを使った料理やお菓子もよく見られます。菓子店やパン屋にも、ぶどうのお菓子が賑やかに並べられています。地域によっては、ワインの試飲会やコンサート、パレードなどの催しでさらに盛り上がり、観光客もたくさん訪れて皆で秋の収穫を祝います。

10月 October

ハロウィーン

日本でも10月に入ると、ハロウィーンの販促広告があちらこちらで目に入ります。ところがその割には、ハロウィーンの本来の意味はあまり知られていません。実は、ハロウィーンはキリスト教の諸聖人祭に関連する催しなのです。

✠ ハロウィーンとは

キリスト教のカトリックでは、12月25日のクリスマス、3月から4月にかけての復活祭（イースター）、8月15日の聖母マリア被昇天の祝日、そして11月1日の諸聖人祭を合わせて4大祝日としています。諸聖人祭は英語でオール・セインツ・デイ（All Saints'Day）、フランス語のトゥーサン（Toussaint）といい、万聖節とも呼ばれますが、これは日本のお盆やお彼岸に相当する、亡くなったすべての人に対する供養の日で、11月1日または2日にお墓参りをします。ハロウィーンは、この諸聖人祭の前夜祭なのです。起源は遥か古代にまで遡るもので、そもそもは収穫と幸運を祈願する催事だったといわれています。その昔ケルト人がキリスト教に改宗する前に行っていた、果樹の女神ポモーナを祀る収穫の祭りがハロウィーンの起源とされています。ケルト人たちにとって10月31日は一年の終わり、つまり大晦日であり、火を焚いて祝宴を開いていました。彼らはこの夜、死者の魂が生前住んでいた家を訪ねると信じており、この恐怖を和らげるために皆で集まり、盛大に収穫祭を催しました。そして死者の魂に見つからないように、仮面や被り物をし、変装して街に出かけていました。この収穫と魂を迎える祭りとが重なって少しずつ変化し、後にローマ・カトリックのグレゴリー三世によって、諸聖人祭の前夜祭とされ、今日のハロウィーンとなりました。

かぼちゃをくりぬいて作るハロウィーンのお菓子

　ハロウィーンの当日、アメリカの子供たちは、収穫されたかぼちゃをくり抜いて目鼻をつけたジャック・オ・ランターンと呼ばれるものをかぶり、マントをつけて魔女やお化けの恰好をし、家の近所を訪ね歩きます。そして「トリック・オア・トリート（trick or treat）」と言ってお菓子をねだり、その集めたお菓子を持ち寄ってハロウィーン・パーティーを開きます。しかし、最近はいたずらがエスカレートしてきたため、全米のお菓子協会が「皆で集まってご馳走を食べよう」というキャンペーンも行っているそうです。この日が近づくと、家庭でも作りますが、菓子店でも、くりぬいた中身を材料にパンプキンパイやパンプキンプディングなどが作られ、店頭に並べられます。このイベントはアメリカを中心に行われてきていて、ヨーロッパではほとんど見かけませんでした。ところが近年はヨーロッパ各地でも一気に流行りはじめ、今では楽しいお祭りとして、大ブレイクしています。日本でも知られている通り、繁華街や遊園地などでは、思い思いに仮装した若者たちがくり出し、世界中のお化けの大集合となっています。日本の百貨店の名店街やショッピングモールなどでもハロウィーンの色とりどりのお菓子が並びます。

11月 November　秋の味覚

近頃は、季節外れでもいつでも何でも食べられることも多くなってきましたが、その時の旬を味わうお菓子もしっかりと残っていて、人々はそれによって季節の移ろいを感じ取ります。フランスの秋の味覚といえば栗を使ったマロン・グラッセなどのお菓子たちです。

秋を味わい尽くす、フランスの風物詩

　11月のフランスの菓子店を覗くと、そこにはマロンペーストやドライフルーツを糖衣したフリュイ・デギゼ（fruit déguisé au marron）というお菓子や、「秋の葉」を意味するフイユ・ドートンヌ（feuilles d'automne）という葉の形の薄いチョコレートなどが店頭に並びます。そんな中でも目を引くのが、新栗を使って作られるマロン・グラッセ（marron glacé）でしょう。その存在感は、秋のお菓子の王者の風格さえ漂わせています。

　また、ケーキの中では、こちらも秋の定番商品のモンブランが顔を出してきます。これらが並ぶと、それを目にした人々も「もうすっかり秋だなぁ」と季節の移ろいを実感します。さらに日ごとに寒さが増し、秋がいよいよ深まってくると、街角には焼き立てのゴーフル（→p.102）やクレープ（→p.98）を売る店が開き、街中には「マロン・ショー（アツアツの栗だよ）！」という焼き栗屋の売り声が聞こえてきます。

クリスマス

クリスマス（Christmas）は「キリストのミサ」の意味で、イエス・キリスト誕生を祝う日です。キリスト教徒にとって、一年で最も大切なこの日は、一番おいしいもので祝われます。

✦ クリスマスの起源

クリスマスを祝う儀式は3世紀に入ってからとされ、当初は日程が不定期でした。やがて西暦354年にローマ教会が12月25日と定めます。なぜこの日なのでしょうか。世界の多くの宗教観は、太陽を崇めるいわゆる農神祭的なところから発しています。多くの人々の間では、冬至は太陽の復活を祝う日とされ、一年の始まりでもありました。初期のキリスト教徒たちもこうした春への期待を抱かせる日を、自分たちの信ずるキリストの誕生の日になぞらえていったようです。今日では冬至は12月21日近辺とされますが、昔なので数日の違いは仕方のないところでしょう。こうしてキリストの誕生日は12月25日になりますが、実際はクリスマス・イヴと呼ばれる前日の24日の方が盛り上がっています。これはかつて人々が一日を日没から次の日没までと数えていたことから、24日の日没後は、昔ならもう25日だったことによるものです。また、クリスマスに付き物のサンタクロースについては、4世紀頃に子供の保護をしていたミュラの司教、セント・ニコラスから転じたといわれています。彼の名が「Sante Klaus」となまってアメリカに伝わり、誤って「聖女」を表すサンタになり、サンタ・クロースとなりました。そして、トナカイの引くそりに乗って、子供たちにプレゼントを配る、赤い服を着た白髭のお爺さんという物語が生まれます。フィンランドにはサンタクロース村があり、ちゃんとその姿をしたサンタクロースがいます。そして世界中の子供たちからくる手紙にせっせと返事を書いています。子供たちの夢を大切にしながら。

クリスマスの歴史が詰まったビュッシュ・ド・ノエル

　世界各国のクリスマスは、歴史的、民族的な背景の違いから、お国柄を表すさまざまなお菓子が楽しまれます。

　スイスやドイツのクリスマスは、レープクーヘン（→p.81）で作る「魔女の家」、ヘクセンハオス（→p.80）が楽しまれます。同じくドイツでは発酵菓子のシュトレン（→p.77）もおなじみです。オランダでは、スペキュラース（→p.60）が主役です。これはネーデルランド（オランダ）が発祥ですが、今日ではベルギーやドイツなどで作られています。イギリスでは大航海時代に生まれたというプラム・プディング（→p.37）、イタリアでは500年前より親しまれているというパネットーネ（→p.48）などなど、各国のクリスマスの主役は日本でも知名度のあるお菓子ばかりです。

　その中でも、クリスマスの歴史の深さを表すお菓子があります。フランスのビュッシュ・ド・ノエル（bûche de Noël）です。スポンジケーキとバタークリームで作った薪の形に切り株を付け、クリームのつたやムラングのきのこなどを飾ったお菓子です。薪の形はリトアニアの神話からきているといわれ、新年（この頃は冬至）を迎えるにあたり、前年の薪の燃え残りに火をつけて、出た灰がやけどの薬や火事や雷除けのおまじないに使われたことに由来するとされています。バルト三国の一つのリトアニアと、ヨーロッパの中央部にあるフランスとの結びつきがあるのが何とも不思議です。今の形に作られたのは1879年のパリとされていますが、おそらくゲルマン民族大移動の際、文化や民話が飛び火し、時を経てこんな形になったのかもしれません。ヨーロッパは多民族の大陸です。歴史をたどると、そこにはいろいろなつながりがあると推察されます。また、飾りのきのこは、種も蒔かないのに忽然と生えてくるため、生命や神秘の象徴としてキリストの誕生になぞらえたとされています。きのこが胞子菌からできることは、今では皆知っていることですが、昔の人は不思議に思ったことでしょう。

誕生日

誕生日にバースデーケーキでお祝いをする行事は、今では当たり前のように行われています。この習慣はいつ頃から始まったのでしょう。

✤ バースデーケーキの起源

実は、バースデーケーキには、はっきりいつ頃からという記録はありません。人類が文明らしきものを持ったエジプト時代には、ファラオのような特別の支配者かその家族や高官はそうしたことをしたかもしれませんが、一般庶民にまでは広まっていないと考えられます。しかし、古代ギリシャ時代になると市民社会も開かれます。どうやらその頃には、誕生日にはそれを祝うためのお菓子があっ

たものと推測されます。もちろん当時はスポンジケーキもそれを飾るクリーム類もありませんでしたから、現在のものとはだいぶ違っていたと思います。それにしても、誕生日を大切なものと認識し、そうした日には普段とは異なる、特別おいしいものを作って祝い、皆で喜びを分かち合うのはすばらしいことで、やはり文明が発達し、心に余裕が生まれると生活を楽しむようになってくるようです。

古代も現代も誕生日は特別おいしいお菓子でお祝い

古代ギリシャ時代のおいしいものとは、おそらくは小麦粉をこねて蜂蜜などで甘く味付けしたり、その上にデーツと呼ばれるナツメヤシの実などのおいしいものをのせて焼いたり、熱した獣脂で揚げたりしたものでしょう。古代ローマ時代には、もう少し発展し、トゥールトというタルトの原型的なものも楽しまれ、これを飾るテクニックも発達してきます。たとえばスクリブリタ（scrivlita）という皿状のお菓子は、思い思いの絵などを描いて飾られたといいます。この名前は「描く」という意味のスクリヴェーレ（scrivere）という語からきています。またエンキトゥム（encytum）というお菓子にはいろいろな色調のグラッセ（被覆）もなされていたとか。これらを考えると、誕生日を祝うお菓子は、この時代なりの手の込んだものが作られていたとみていいでしょう。

今のバースデーケーキの形に近いものができたのは、スポンジケーキが作られた15世紀末以降と考えられます。それを飾るクリームとして、泡立てた生クリームが作られたのは1671年、カスタードクリームの登場も同じく17世紀になってからですので、それ以降ということになります。ただし砂糖と卵白を練って作るグラス・ロワイヤルやアイシングはそれ以前に作られていますが、それでも砂糖が潤沢に出回るようになるのはナポレオン（在位1804〜1814年）戦争以降ですので、一般化するのは19世紀からということになるでしょうか。ただし、キャンドルについてはもう少し歴史が古く、宗教心が高まる中世に盛んに作られるようになりました。史実を追うと、バースデーケーキが時代ごとに進化を遂げてきたことが窺えます。

洗礼式・聖体拝領

キリスト教の洗礼式や聖体拝領では、儀式を終えた後にお祝いのパーティーが開かれます。そこでは、おいしいお菓子や料理を囲んで子どもたちの成長を皆で喜び合います。

✛ 洗礼式とは

フランス語でバッテーム（Baptême）、英語でバプティズム（baptism）といいます。キリスト教の信者となるための儀式で、生まれた赤ちゃんの頭上に水をかけるなどして、原罪を洗い流して清め、新たな生命によみがえらせることを意味するものです。またこのときに受ける名を洗礼名といいます。

✛ 聖体拝領とは

フランス語ではコミュニオン（Communion）といいます。キリストは最後の晩餐でぶどう酒とパンを持ち、自らの血と肉であることを弟子たちに示し、これを祈念して祭礼を行うよう命じました。その聖体を授かる儀式である聖体拝領は、キリスト教徒の子どもが7歳ごろのときに行われます。

フランス定番のお祝い菓子とプロヴァンスのコロンビエ

フランスでは、幼児洗礼や聖体拝領の際、シューを積み上げて作るクロカンブッシュ（→p.180）で祝います。その一番高いところに儀式に合わせた人形をのせて飾り、シューの隙間に男児はブルー、女児はピンクのドラジェ（→p.111）を飾ります。それと同じドラジェが親戚縁者に「我が子はこんなに大きくなりました」と感謝の気持ちを込めて手渡されます。また、フランスのプロヴァンス地方の聖体拝領ではコロンビエ（colombier）というお菓子でも祝われます。これは、マジパンが入った生地に南仏産のメロンやアプリコットを入れて焼き、薄く糖衣がけし、白い鳩の飾りをのせて仕上げます。コロンビエとは、平和と純潔の象徴である愛玩用の鳩を意味します。

アペリティフ

アペリティフ（apéritif）は「食欲を刺激する」などの意味をもつラテン語のアペリーレ（aperire）を語源とし、食事の前に口を湿らせ、食欲を起こさせるために飲む「食前酒」を指す言葉ですが、実は、それ以外の意味ももっています。

 アペリティフとは

食前酒であるアペリティフのお酒の種類は、各種のリキュールやブランデー、ワイン、シャンパンなどとされています。また、フランスでは好みのお酒を飲みながらちょっとした料理やスイーツを楽しむパーティーのこともアペリティフと呼び、あるいはもう少し砕けた言い方でアペロ（apéro）とも表現しています。この習慣の起源をたどると、そのひとつにはかつて宮廷文化の時代に上流階級の人々の間で流行した「サロン」文化があ

ります。サロンとは気の置けない仲間で集まり、芸術や文学、政治などをテーマに、自由に談話を楽しむ社交場のことです。アートに食文化にと、フランス文化が大きく花開いた華やかな時代、きっとサロンではおいしいお酒やおつまみ、スイーツが楽しまれたことでしょう。こうした貴族社会の文化は、1789年のフランス革命後、生活にゆとりが出てきた頃に、中産階級から徐々に一般市民へと広がっていきました。

お酒やスイーツとともに楽しむプライベートタイム

ディナーの前に「アペリティフしない？」「アペロしよう！」と友人同士や仕事仲間で誘い合い、好みのドリンクやおつまみを堪能しつつ、人とのつながりを重んじ、ゆったりとした人生を楽しむこの習慣は、いわばフランス人のライフスタイルそのものといえるでしょう。

現在フランスでは、毎年6月の第一木曜日を「アペリティフの日」と定めています。そして日本でも、昨今の人生をエンジョイしようというゆとりを重んじる風潮の広がりととも

に、こうした息抜きのひと時を取り入れる傾向が見え始めてきました。

アフタヌーン・ティー

アフタヌーン・ティー（afternoon tea）は直訳すれば「午後のお茶」で、その名の通り、午後のひとときをゆったりと過ごすために作られたイギリス発の習慣です。日本でも広く楽しまれていますが、もとはどのような背景があるのでしょうか。

✤ アフタヌーン・ティーの起源

フランスをはじめとしたヨーロッパ諸国でコーヒーが楽しまれているのに対し、なぜイギリスだけが紅茶を好んで楽しむのでしょう。かつてイギリスが大英帝国として七つの海を支配していた時、インドやスリランカも支配下に置いていました（1815〜1948）。そこはまさしく紅茶の産地でもありました。スリランカはかつてセイロンと呼ばれており、セイロンティーの名産地として有名です。そこから質の良いお茶が入ってきて、イギリス人の生活に溶け込んだというわけです。

イギリスでのアフタヌーン・ティーの楽しみ方

スタンダードな「アフタヌーン・ティー・セット」は、通常三段になっているケーキスタンドと呼ばれる皿状の器に、イギリス発祥のサンドイッチ、スコーン、ペイストリー（生菓子や焼き菓子類）など色とりどりのおいしいものがのせられます。そして食べる順も基本はこの順番に、ということになっています。ただそれにはあまりこだわりすぎず、楽しく時を過ごせば問題ありません。イギリス人もけっこう自由におしゃべりしながら楽しく午後のひとときを過ごしています。

ただ旅行でイギリスに行くとき、気をつけたいこともあります。アフタヌーン・ティーの食べ物は意外とボリュームがあるので、たとえばアフタヌーンの名前通りに午後に紅茶と

お菓子をしっかり楽しむと、そのあとの夕飯が少々きつくなってしまいます。せっかくのディナーを目いっぱい楽しむために、スケジュールをよく考えておくとよいでしょう。

PART 4
人気店の
パティシエールに
学ぶお菓子作り

現役のパティシエールからお菓子作りの
取り組み方や、心構えを学びましょう。
さらに、5種類の本格的な洋菓子のレシピから、
プロの技術によるおいしさの秘密に迫ります。

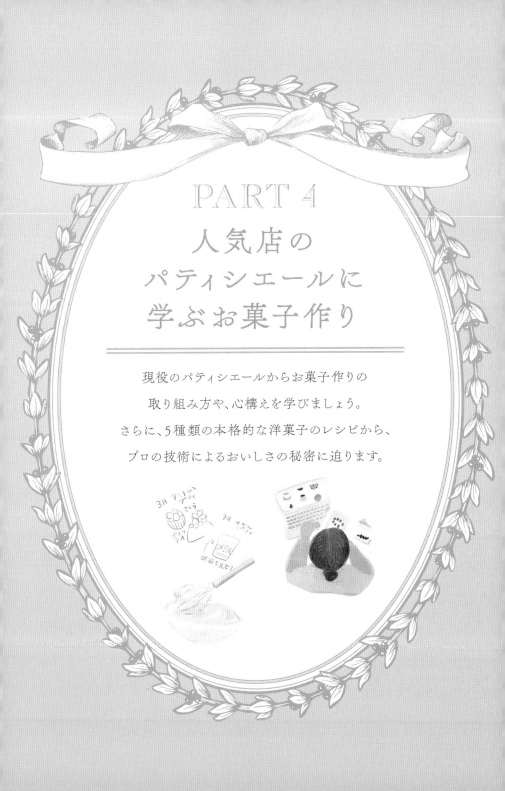

プロから教わる本格的なお菓子作り

子どもたちの将来なりたい職業としても人気を誇るパティシエ（女性はパティシエール）。
現役のパティシエールにインタビューし、
日々のお菓子作りや本格的なお菓子のレシピを教えてもらいました。

パティシエ紹介

吉田浩子さん

ブールミッシュ商品開発シェフ

高校生のときにパティシエールになりたいと考え、
製菓学校へ進学。卒業後、株式会社ブール
ミッシュに入社。厨房付き店舗、喫茶付き店
舗、工場勤務などを経て商品開発シェフとなる。

ブールミッシュ
BOUL'MICH

2023年で創業50周年を迎えた老
舗菓子店。銀座本店をはじめとして、
全国各地に店舗を構えています。店
主・吉田菊次郎がフランスのパリで研
鑽した伝統的なフランス菓子を基本
とした創作洋菓子を数多く製造。店
名は、パリの若者たちが集う、ソルボ
ンヌ大学のある大通り「ブールバール・
サンミッシェル」を略した呼び名が由
来。自由でおしゃれなパリの街をイ
メージしたお菓子作りを続けています。

パティシエとは

パティシエ(pâtissier)はフランス語で「男性の菓子職人」を指す言葉です。女性の菓子職人はパティシエール(pâtissière)と呼ばれます。菓子職人の歴史をさかのぼると、紀元前171年ごろに古代ローマで法的に職業として認められ、プラケンタリイと呼ばれていました。中世に入ると、そのころの代表的なお菓子ウーブリ(→p.83)からとって、ウーブリエと呼ばれるようになります。やがて、肉や野菜などを詰めた料理であるパステ　アが変化してパティスリーになり、これを作る料理人としてパティスリーという職業名が成立しました。そしてパティスリーは菓子店を指すのに対し製菓人はパティシエと呼ばれるようになります。

Q & A

Q パティシエを目指したきっかけは?

子どものころから、母が作ってくれるお菓子が大好きで、その影響を受けて、自分でもお菓子作りをするようになりました。高校生のときに、部活の仲間にふるまったお菓子を「おいしい!」と言ってもらえたことがうれしくて、もっと学びたいと思い製菓学校への進学を決めました。

Q 仕事の1日の流れは?

まずは現場でほかのパティシエと商品を製造し、自分が開発した商品の仕上がりチェックなどを行います。そのあとデスクに戻ってメールチェック。一段落着いたら、新しいケーキの試作作業に入ります。最後に事務仕事をして終わります。

Q どんなお菓子を作っている?

主に生菓子を担当しています。季節のケーキやイベントのケーキの開発が主な仕事です。ヒットした商品は、フルーツがたくさんのったパフェです。お家でちょっと贅沢なお菓子を楽しみたい方に喜んでいただけたようです。

Q & A

新作のお菓子は
どうやって考えている？

発売までのスケジュールがある程度決まっているので締め切りから逆算してスケジュールを組み、開発します。その年の販売状況などのデータを見ながら、翌年のお菓子のアイデアを考えることもあります。

新作のアイデアが
浮かぶタイミングは？

通勤時や休みの日にもよく考えています。何気なくインターネットや雑誌を見ていたら、自然と考えがケーキのほうに向いていたりしてアイデアが浮かぶこともあったりします。

新作のお菓子が
完成するまでの流れは？

まずは味やデザイン、発売する時期のショーケースの全体像をイメージすることから始めます。デザインを決めるときに、かんたんな絵を描いてみることもあります。過去の実績を調べ、お菓子の製造工程を考えて、試作を繰り返します。この試作は、2〜3回で完成にいたるときもあれば、数十回繰り返してようやく完成する場合もあります。

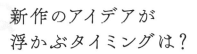

Q パティシエールに なってからの 印象的な体験は?

厨房付き店舗で働いていたときのことですが、私が作業中にケーキが出来上がるまでの様子を子どもたちがガラスに張り付いて見ていて、そのときのワクワクした表情が忘れられません。それと、仕事仲間と一緒にヨーロッパを訪れたとき、さまざまなお菓子の工場を巡って製造体験をしたことはとても刺激になりました。また、友人から依頼を受けてウェディングケーキを作ったことも印象に残っています。

Q 好きな洋菓子は なんですか?

A シブースト! タルトが好きで、ほかにはチョコレートやナッツとバタークリームのケーキも好物です。

タルト・シブーストはパイ生地にリンゴとクリームをのせて焼き上げたフランス菓子。フランスの製菓人シブーストが考案したカスタードクリームとゼラチン、ムラングを入れたクレーム・シブーストを使うことから命名されました。

Q お菓子作りで 大切にしていることは?

A 商品がお店に届いて販売してもらうときのことや、お客様が持ち帰って召し上がっていただくシチュエーションを考えながらお菓子作りをするようにしています。

フィナンシエ

ふんわりとバターの香りが広がるフィナンシエは
紅茶やコーヒーのお供にぴったり。
バターの加熱のポイントを押さえれば、
かんたんに作れて本格的な
味わいに仕上がります。

Recipe

（材料）フィナンシエ型 約10個分

バター（食塩不使用）—— 90g	グラニュー糖 —— 70g	薄力粉 —— 35g
卵白 —— 90g	アーモンドパウダー —— 30g	ヴァニラオイル —— 少々

用意する道具

フィナンシエ型、鍋、ホイッパー、ボウル、茶こし、ふるい、絞り袋、ケーキクーラー

（準備）

・型に薄くバター（分量外）を塗ります。
・オーブンは170℃に温めておきます。

＊電子レンジ・オーブンの加熱時間は目安です。ご家庭の機器によって異なりますので、様子を見ながら加熱してください。

1 鍋にバターを入れて加熱します。弱火でキツネ色になるまで、ホイッパーでかき混ぜながらバターを焦がします。

Point バターは風味が出るまでしっかり加熱します。バターが茶色くなり、香りが立ってきた頃が目安です。

2 火を止めて、鍋底を冷水に当てて粗熱をとります。

3 2を茶こしでこし、冷まします。

4 ボウルに卵白とグラニュー糖を入れ、よく混ぜ合わせます。

5 4にアーモンドパウダーと薄力粉を合わせてふるい入れ、混ぜます。

6 3のバターを5に混ぜ、ヴァニラオイルも加えて混ぜます。

7 6の生地を絞り袋に詰め、準備しておいた型の八分目まで入れます。

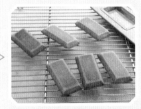

8 予熱しておいたオーブンに入れ、約15分焼きます。焼き上がったら型から外して冷まします。

チョコレートムース

ゼラチンを使わずに作る、濃厚でクリーミーな味わいのムース。
チョコレートと生クリームを混ぜるときは
手早く行うのがコツです。

Recipe

材料 4人分

生クリーム ——— 200ml	グラニュー糖 ——— 30g	ホイップクリーム ——— 適量
ブランデー ——— 10ml	水 ——— 15ml	飾り用チョコレート ——— 適量
チョコレート（スイート）——— 120g	卵黄 ——— 2個分	ミント ——— 適量

用意する道具

ボウル、ホイッパー、ハンドミキサー、耐熱容器、ゴムベラ、絞り袋、ムースの容器

準備

湯煎用のお湯を準備しておきます。

※電子レンジ・オーブンの加熱時間は目安です。ご家庭の機器によって異なりますので、様子を見ながら加熱してください。

1 生クリームとブランデーをボウルに入れて氷水にあてながら七分立てにし、冷蔵庫で冷やします。

Point 持ち上げるとツノがすぐ落ちるくらいの滑らかな状態にします。

2 ボウルにチョコレートを入れて湯煎で溶かします。

3 耐熱容器に砂糖と水を入れ、電子レンジ（600W）で50秒加熱し、シロップを作ります。ボウルに卵黄を入れてハンドミキサーでほぐし、シロップを入れます。

4 3を湯煎しながら全体がねっとりとするまでハンドミキサーで泡立てます。

5 4を湯煎から外し、粗熱がとれるまで混ぜて冷まします。

6 2のチョコレートに5を加え、ゴムベラでしっかりと混ぜます。6と7の作業は手早く行います。

7 6に1の1/3量を入れ、しっかり混ぜます。残りの生クリームはさっくりと混ぜます。チョコレートが固まるのを防ぐため、2回に分けて混ぜます。

8 7を絞り袋に詰めて容器に絞り、冷蔵庫で冷やし固めます。ホイップクリーム、飾り用チョコレート、ミントなどで飾ります。

マカロン

コロンとかわいいマカロンも、
実はお家でかんたんに作れるお菓子です。
食用色素の色や量を変えれば、カラフルな仕上がりになります。

Recipe

材料 作りやすい量

アーモンドパウダー 65g	グラニュー糖 60g	生クリーム 30g
粉糖 65g	食用色素 適宜	好みの洋酒 小さじ1
卵白 A:25g B:30g	チョコチップ 60g	

用意する道具

ボウル、ハンドミキサー、ゴムベラ、丸口金（直径8〜10mm）、オーブンシート、ホイッパー、筒状にしたセロファン

準備

湯煎用のお湯を準備しておきます。
オーブンは130〜140℃に温めておきます。

※電子レンジ・オーブンの加熱時間は目安です。ご家庭の機器によって異なりますので、様子を見ながら加熱してください。

1 ボウルにアーモンドパウダー、粉糖、卵白Aを入れ、全体がしっとりするまで混ぜます。

2 小さめの別のボウルにグラニュー糖、卵白B、食用色素を入れ、湯煎しながらハンドミキサー（強）で混ぜ、ツヤのあるメレンゲを作ります。

3 1/3量の2を1に加え、ゴムベラでしっかりと混ぜます。残りのメレンゲはさっくりと混ぜ合わせます。

4 丸口金をセットした絞り袋に3を入れ、オーブンシートを敷いた天板に直径3〜4cmの円形に絞ります。

5 オーブンで約14分焼きます。下火が強い場合はもう1枚天板をあてます（焼きすぎに注意）。焼きあがったら冷まします。

Point オーブンシートの方をつまんでマカロンからはがします。大きさが合うものと2枚一組にしておきます。

6 耐熱容器にチョコチップと生クリームを入れ、電子レンジ（600W）で40秒〜60秒加熱します。ホイッパーで混ぜ、洋酒を加えます。

7 絞りやすいかたさになったら筒状にしたセロファンに詰めます。

8 7がかたくなる前に、5の1枚の裏側に7を絞り、もう1枚を重ねます。

プリン

なめらかな食感に仕上げるコツは、
しっかり裏ごしをすることです。
カラメルソースは火加減に注意して。

Recipe

材料 6人分

グラニュー糖 ── A:40g B:60g	熱湯 ──────── 20ml	ヴァニラ ──── 1/2本
水 ────────── 20ml	牛乳 ──────── 300ml	卵 ──────────── 3個

用意する道具

鍋、プリンカップ、ボウル、ホイッパー、ざる、キッチンペーパー

準備

プリンカップに薄くバター(分量外)を塗っておきます。
オーブンは140℃に温めておきます。

> ※電子レンジ・オーブンの加熱時間は目安です。ご家庭の機器によって異なりますので、様子を見ながら加熱してください。

1 鍋にグラニュー糖Aと水を入れ、中火で加熱します。混ぜるときは道具を使わず、鍋をゆすります。

2 1が次第に色づき、茶色くなったら火を止めて熱湯を注ぎ入れます(はねやすいので注意)。プリンカップに均等に流し込み、冷蔵庫で冷やします。

3 鍋に牛乳、ヴァニラのさやと種、グラニュー糖Bの半量を入れて加熱します。うっすらと湯気が出るくらいになったら火を止めます。

4 ボウルに卵と残りのグラニュー糖Bを入れて混ぜ合わせ、3を少しずつ流し入れて混ぜます。

5 4をざるなどで裏ごしします(ヴァニラのさやを取り出します)。

6 5にキッチンペーパーをかぶせて表面の泡をとります。

7 6を2のプリンカップの七分目くらいまで静かに流し入れます。

8 天板に7を並べ、40℃くらいの湯をはり、140℃のオーブンで約30分焼きます。焼き上がったら冷蔵庫で冷やします。

9 型のふちを押して生地をはがし、裏返して上下に振り、カップから外します。

ショートケーキ

日本生まれの洋菓子でもあるショートケーキ。
きめ細かな生クリームと、
ふわふわのスポンジケーキでおいしく仕上げましょう。

Recipe

（材料）直径15cm丸型1個分

卵 2個	バター（食塩不使用） 15g	グラニュー糖（シロップ用） 15g
上白糖（スポンジ用） 70g	生クリーム 250ml	水 30ml
薄力粉 60g	グラニュー糖（生クリーム用） 18g	イチゴ 適宜

用意する道具

丸型（直径15cm）、オーブンシート、ボウル、ハンドミキサー、ゴムベラ、ケーキクーラー、ふきん、ルーラー、スポンジカットナイフ、刷毛、回転台、耐熱容器、パレットナイフ、口金（好みの形）、絞り袋

（準備）

薄力粉をふるっておきます。
バターは容器に入れて、湯煎又は電子レンジで加熱して溶かしておきます。
オーブンは160℃に温めておきます。

> ※電子レンジ・オーブンの加熱時間は目安です。ご家庭の機器によって異なりますので、様子を見ながら加熱してください。

1 型の底と側面にオーブンシートを敷きます。

2 ボウルに卵と上白糖を入れ、ハンドミキサーで全体が白っぽくもったりするまで泡立てます。

Point 最初はハンドミキサーの強で泡立て始め、途中で弱にして仕上げると生地がきめ細かくなります。

3 2に薄力粉を2、3回に分けて入れ、ゴムベラで大きくすくっては切るようにして混ぜていきます。

4 溶かしたバターをゴムベラに伝わせながら加え、底のほうから持ち上げて大きく混ぜます。

Point バターは底に沈みがちなので、ゴムベラで受けながら全体に散らし、混ぜ残しがないように底からしっかり混ぜます。

5 1の型に生地を一気に流し、表面を平らにします。

6 5をオーブンに入れて約20分焼きます。焼き上がったらすぐに型から外し、ケーキクーラーにのせます。

7 濡らしてかたく絞ったふきんをかけてしばらく冷まします。

8 生クリームに砂糖を加え、ボウルを氷水にあてながら泡立てます。七分立てにしたら半量を取り分け、残りを八分立て程度の硬めに泡立てます。

スポンジの間にサンドする生クリームはやや硬めで、すくうとツノが立つくらいが目安です。上面、側面に塗る生クリームは七分立てで、すくうとツノがゆっくりとおじぎするくらいが目安です。飾り用に絞り袋に入れる生クリームは、七分立てよりやや硬めにすると綺麗に絞れます。

9 スポンジをスライスし、均等な厚さで3枚切りにします（一番上は余りになるため除く）。ルーラーやスポンジカット用のナイフがあると便利です。

10 グラニュー糖と水を耐熱容器に入れて電子レンジ（600W）で30秒加熱し、冷ましてから、回転台にのせた9のスポンジに刷毛で塗ります。

11 10に8の生クリーム（八分立て）を塗り、薄切りにしたイチゴを並べ、上から再度生クリームを塗ります（飾り用に一部残します）。

12 スポンジをのせ、10〜11を繰り返し、最後のスポンジをのせてシロップを塗ります。

13 パレットナイフを垂直に立て、スポンジの側面に当てながら回転台を回して余分なクリームを除きます。

14 8の生クリーム（七分立て）をケーキの上面にのせ、パレットナイフで上面全体に広げます。

15 パレットナイフを垂直に立て、スポンジの側面に当てながら回転台を回して塗り広げます。

16 余分についているところをならしながら全体に塗り広げ、整えます。パレットナイフを使うたびに刃についた生クリームを拭き取ります。

17 最後に上面を外から内へなでるようにして整えます。

18 8の生クリーム（八分立て）を、口金をつけた絞り袋に詰め、好みの形に絞り、ヘタを取ったイチゴを飾ります。

米と麹の新しいパン生地で大ヒット

あんパン anpan

　常陸の国（今の茨城県）に生まれ、武士となった木村安兵衛という人がいました。安兵衛は明治維新で仕事を失って上京し、婦女子に技能を習得させる授産所という施設に勤めました。しかしあるとき、西洋のパンという新しい食べ物を知り、「これからはこれだ」と一念発起。長崎のオランダ人の下で働いていた梅吉という男を雇い入れ、息子の英三郎とともに明治2年、芝・日陰町にパン屋を開業します。文明開化の「文」と息子の名から「英」をとり、文英堂と名付けました。ところがその年の暮れに店は火事で焼失してしまいます。それでもあきらめず、思い切って銀座に進出し、屋号を木村家と改めました。どうしたらパンを日本人に馴染ませることができるか思案の

末、食パンに砂糖を加えて、今でいう菓子パンを考案し、鉄道の新橋駅で販売を開始します。いわばキオスク第一号です。次いでさらに研究を重ね、西洋パンはホップ、つまりビール酵母を使うものですが、日本人には米と麹で作る酒の酵母の方が向いているのではと思いつきました。このパン生地で、和菓子に使う小豆餡を包んで焼いてみました。和洋折衷のこの思惑が見事に当たり、空前の大ヒットとなります。明治7年、日本のパン史上に燦然と輝く「あんパン」の誕生です。さらに親交を結んでいた山岡鉄舟の勧めで桜の花の塩漬けを中央に埋め込み、明治天皇に献上しました。これは大いにお褒めのお言葉を賜ったということです。

おいしいさつまいもを洋風菓子にアレンジ

❊ スイートポテト ❊ sweet potato

　明治には西洋の文化が多数取り入れられ、それまでとは勝手の違う西洋菓子が入ってきました。これを受けた日本のお菓子職人たちは、初めは戸惑いの連続だったことでしょう。しかし彼らのチャレンジ精神は旺盛でした。「日本には素晴らしいさつまいもがある。これを使って何とか洋風のものができないものか」と考えたようです。それでなくても、さつまいもは「九里（栗）四里（より）旨い十三里」などと言われたおいしいものの代表格。これを使えばうまいものができないわけがないと、試行錯誤をくりかえしていきます。まずさつまいもをほぐして砂糖を加え、バターに卵、ほんの少しの洋酒を入れて練り上げました。このあたりは和菓子の餡作りの要領で心得たものです。

あとはどう形を作るかです。容器がなければ、くりぬいた芋の皮に盛りつけてみようか。こうして出来上がったのがこのお菓子でした。スイートポテトが手掛けられた当初の明治20年頃は芋料理と言っていたようですが、1914（大正3）年11月21日の報知新聞にはベイクド・スイートポテトの名で作り方が記され、これが短くなってスイートポテトと呼ぶようになったようです。まさしく和魂洋才の名品です。明治の人の知恵には頭が下がりますが、ちなみにその人とは、当時日本の甘味界をリードしていた銀座の米津風月堂で製造部の総帥を務めていた門林弥太郎という人で、実は筆者の母方の祖父なのです。

スポンジと餡の至福の組み合わせ

どら焼き dorayaki

　日本で古くから親しまれているお菓子にどら焼きがあります。これは、熱した鉄板に流動状の生地を流して焼き、それを二枚使ってつぶし餡を挟んだもので、その姿が、ちょうど船の銅鑼に似ているところからこの名が付けられたといわれています。ちなみに、三笠山という名もありますが、これは、当初は半球形にへこませた鉄板に生地を流して焼き、中にうぐいす餡を挟んでいて、その形が奈良の三笠山に似ているとのことでの呼称だったようです。つまり、これは当初別のお菓子だったということです。何はともあれこのお菓子、日本人の食感にマッチしたのか、現在まで長く愛され続けています。このお菓子の発案は、スポンジケーキから生まれたカステーラ（→p.147）と餡との組み合わせであることは言うまでもなく、和洋折衷、和魂洋才の一品です。パン生地に餡を詰めたあんパンと同じ発想でしょう。限りない好奇心をもって西洋のお菓子に挑戦し、強い探求心で完成に導く。日本人の英知と才覚がこのどら焼きに結集しています。ちなみに、江戸時代にはすでにどら焼きという名称のお菓子がありましたが、これは皮を一枚だけ使い、端の部分を折りたたんだ四角い形で、中央に餡を置くきんつばに似たものだったそうです。これを現在のような形にしたのは東京上野の「うさぎ屋」で、大正年間に編笠焼として作られたのが始まりといわれています。

アメリカのケーキを日本人好みに改良

ショートケーキ short cake

日本における洋菓子の代表格は、何といってもイチゴをのせたショートケーキでしょう。ショートケーキの「ショート」は、実は「短い」とか「小さい」という意味ではなく、「サクサクした」という意味で、つまりこれはあくまでもクッキー状のお菓子を指す言葉なのです。ではこれがどのようにして現在のスポンジケーキ使用のクリーム菓子に置き換わったのでしょう。不二家の創業者・藤井林右衛門がアメリカに視察旅行にいったときに、オールド・ファッション・ストロベリー・ショート・ケイク（→p.145）に出会いました。これは厚めのビスケット生地に生クリームとイチゴを挟み、その上にまた生クリームとイチゴをのせたものですが、彼はやわらかいものを好む日本人に合わせ、このビスケット生地をスポンジ生地に置き換えることを思いつきました。こうしてできたのが、世界のどこにも見当たらない日本オリジナルのショートケーキです。不二家の記録によると、1922（大正11）年にはショートケーキを発売していたとあります。遠心分離式の生クリーム製造機が日本に輸入されたのは、大正12年とも13年ともいわれていますが、不二家はその機械導入の1～2年前には、すでに自前で生クリームを作っていたことになります。進取の精神に富んだ藤井林右衛門氏、さすがというよりほかありません。

アメリカ人に合わせて生まれた
美しいスイーツ

プリン・ア・ラ・モード　pudding a la mode

　第二次世界大戦後、日本はGHQ（連合国軍最高司令官総司令部）の管理下に置かれます。そして東京や横浜といった首都圏の主な建物は彼らによって接収されました。そうしたもののひとつに横浜のホテル・ニューグランドがあります。ここには当時、将校やその夫人らが宿泊していました。このホテルの中にザ・カフェという喫茶室があり、そこの料理長が、彼らに日本人の心意気を見せようと、素晴らしいデザートを作りました。これがプリン・ア・ラ・モードの誕生の瞬間です。コルトンディッシュと呼ばれる特殊な皿の上に、この間まで敵国であったイギリスの代表的なスイーツであるカスタード・プディングを置き、そこに泡立てた生クリームを絞り、彩りよく季節のフルーツを配した、いわゆる今でいうアシエット（皿盛りデザート）です。見た目の華やかさもさることながら、アメリカサイズのボリューム感を意識した盛り合わせでした。今でこそ、こうした盛り付けでの提供は、カフェやレストランなどさまざまな場所で行われていますが、これは戦争直後のことです。しかも戦勝国のイギリスのデザートにア・ラ・モードなどとフランス語を添え、まるで一枚の絵のように美しく仕上げて見せたシェフの心意気に、今更ながら同業として表敬の念を禁じ得ません。

その他の索引

参考文献　References

吉田菊次郎『洋菓子百科事典』(2016)白水社
吉田菊次郎『万国お菓子物語 世界をめぐる101話』(2021)講談社
吉田菊次郎『西洋菓子　世界のあゆみ』(2013)朝文社
吉田菊次郎『西洋菓子　日本のあゆみ』(2012)朝文社
吉田菊次郎『スイーツ歳時記＆お菓子の記念日』(2021)松柏社
吉田菊次郎『古今東西スイーツ物語』(2022)松柏社
吉田菊次郎『洋菓子はじめて物語』(2001)平凡社
吉田菊次郎『日本人の愛したお菓子たち』(2023)講談社
その他内外諸文献

吉田菊次郎
Yoshida Kikujiro

俳号・南舟子（なんしゅうし）。1944年東京都生まれ。明治大学商学部卒業後、フランス、スイスで製菓修業に励み、その間数々の国際賞を受賞する。帰国後の1973年「ブールミッシュ」を開業（本店銀座）。現在、同社会長のほか、製菓フード業界の様々な要職、大手前大学客員教授を務める。文筆、テレビ、ラジオ、講演等でも活躍。2004年、フランス共和国より農事功労章シュヴァリエ叙勲。厚生労働省より「現代の名工・卓越した技能者」受章。2005年、天皇皇后両陛下より秋の園遊会のお招きにあずかる。2007年「食生活文化賞・金賞」受賞。2014年フランス料理アカデミー・フランス本部会員に推挙。2022年秋、黄綬褒章受章。その他内外の受賞多数。主な著書に『あめ細工』『チョコレート菓子』『パティスリー』（柴田書店）、『洋菓子事典』（主婦の友社）、『デパートB1物語』（平凡社）、『ヨーロッパお菓子漫遊記』『お菓子の歳時記』（時事通信社）、『西洋菓子彷徨始末』『東北応援菓・東北新スイーツ紀行』（朝文社）、『洋菓子百科事典』（白水社）他多数。

Staff		
本文デザイン	八田さつき	
イラスト	福岡麻利子	
	タカヤユリエ	
撮影	寺岡みゆき	
スタイリング	片野坂圭子	
校正	みね工房	
編集協力	株式会社KANADEL	
編集担当	梅津愛美（ナツメ出版企画株式会社）	

ナツメ社Webサイト
https://www.natsume.co.jp
書籍の最新情報（正誤情報を含む）は
ナツメ社Webサイトをご覧ください。

本書に関するお問い合わせは、書名・発行日・該当ページを明記の上、下記のいずれかの方法にてお送りください。
電話でのお問い合わせはお受けしておりません。
・ナツメ社webサイトの問い合わせフォーム　https://www.natsume.co.jp/contact
・FAX（03-3291-1305）
・郵送（下記、ナツメ出版企画株式会社宛て）
なお、回答までに日にちをいただく場合があります。
正誤のお問い合わせ以外の書籍内容に関する解説・個別の相談は行っておりません。あらかじめご了承ください。

歴史を知ればもっとおいしい！　洋菓子を楽しむ教科書

2024年3月6日　初版発行

著　者	吉田菊次郎　©Yoshida Kikujiro,2024	
発行者	田村正隆	
発行所	株式会社ナツメ社	
	東京都千代田区神田神保町1-52　ナツメ社ビル1F（〒101-0051）	
	電話 03-3291-1257（代表）　FAX 03-3291-5761	
	振替 00130-1-58661	
制　作	ナツメ出版企画株式会社	
	東京都千代田区神田神保町1-52　ナツメ社ビル3F（〒101-0051）	
	電話 03-3295-3921（代表）	
印刷所	広研印刷株式会社	

ISBN978-4-8163-7499-9　Printed in Japan